MARCO BONETTO

DESIGNER DI SUCCESSO

Tecniche e Segreti Del Primo Design Coach Al Mondo Su Come Diventare Un Professionista Affermato

Titolo

"DESIGNER DI SUCCESSO"

Autore

Marco Bonetto

Editore

Bruno Editore

Sito internet

http://www.brunoeditore.it

Sommario

Prefazione

Nella mia esperienza di imprenditore e formatore ho incontrato delle persone che sono riuscite a lasciare un segno memorabile. Marco Bonetto è una di queste persone. Conosciuto per caso, uomo dalla modestia e dall'educazione subito percettibile mi ha trasmesso immediatamente la sua immensa preparazione nel suo settore imprenditoriale. Fonte di idee innovative entusiasmanti.

Marco Bonetto rappresenta una delle eccellenze del design italiano, il suo background ha respirato fin dalla nascita l'aria del design con il padre, fondatore del design italiano nel mondo; la sua esperienza sul campo fin da giovanissimo, girare il mondo per poter acquisire informazioni trasversali; oggi il suo know-how che lo porta quotidianamente ad affrontare tematiche progettuali in tutto il mondo e nelle Università di eccellenza italiane e non.

Personaggio estroverso e con una dote di humor non comune ha sempre cercato di non tradire la qualità del suo lavoro a favore del semplice volere di mercato o politico del momento. Indipendente da qualsivoglia influenza che non sia puramente etica e progettuale. Ama profondamente il suo lavoro, uno dei prerequisiti che do per scontato quando si tratta di successo. La passione che mette nella sua attività aumenta nel momento in cui si trova davanti studenti che vogliono crescere nell'ambito del design.

Oggi Marco apre una nuova strada nella formazione professionale attraverso l'inedita figura del design coach: figura innovativa che vuole aiutare i giovani che intraprendono questa attività, i giovani che desiderano affrontare il mondo professionale del design dopo avere ricevuto la formazione "standard" nelle Università e scuole.

Dopo molti anni di insegnamento in Università e Istituti che somministrano gli studi classici e marmorizzati dalla conoscenza solo didattica della materia, Marco ha individuato la totale assenza di una guida specifica per condurre i giovani designer in un mondo a loro sconosciuto. Da qui nasce l'esigenza, chiamata quasi a gran voce dai ragazzi stessi, di mettere a disposizione in modo concreto ed esperienziale la propria esperienza e cultura attraverso la figura del design coach.

I suoi corsi sono il trampolino di lancio per i talenti, per tutti i giovani e un po' meno giovani che vogliono raggiungere un rapido successo nel design, acquisendo segreti e strategie di chi già l'ha fatto. Marco ha una solida "vision" del mondo del design ed elabora strategie per aziende di tutto il mondo. Le sue competenze sono in evoluzione e implementazione costante, con aggiornamenti quotidiani attraverso le sue esperienze progettuali trasversali.

Questo libro rappresenta il primo passo per comprendere uno scenario professionale complesso nel quale Marco Bonetto vi condurrà trasmettendovi tecniche e segreti per iniziare a sentirvi più sicuri nel grande debutto professionale nel mondo del design italiano e non solo.

Se ognuno di voi farà la sua parte seguendo i suoi passi realizzerete i vostri sogni più ambiziosi. E io ve lo auguro.

Alfio Bardolla

Introduzione

Ho trascorso 35 anni della mia vita nel design dedicando una parte del mio tempo professionale all'insegnamento dapprima presso il Politecnico di Milano (Facoltà di Disegno Industriale) e successivamente come direttore dei Master di Transportation Design presso la Scuola Politecnica di Design e Domus Academy. Fino alla più recente esperienza di docente presso l'Accademia di Belle Arti di Brera Milano.

Nei miei corsi ho sempre cercato di trasmettere agli studenti l'esperienza professionale e progettuale in un contesto di attualità, perché purtroppo spesso si insegna senza sapere cosa è la vera professione. Trasmettere a un giovane studente cosa vuol dire realmente fare un progetto di industrial design con tutte le sue implicazioni di vincoli, processi e metodologie è un principio morale che ho sempre applicato.

La professione del design negli ultimi decenni si è gradualmente modificata, non basta più conoscere le tecniche, la storia e i processi: oggi le conoscenze che un designer deve necessariamente avere sono maggiori rispetto al passato; comprendere e saper elaborare tutti gli input che convergono sul design durante il progetto è diventato necessario al fine di produrre un design adatto alle esigenze e vincente sui mercati.

Con il passare del tempo mi sono reso conto che c'era un grande vuoto che nessuno colmava ovvero quello di insegnare agli studenti come affrontare il mondo professionale una volta terminato il percorso formativo: troppi giovani non sanno come affrontare un colloquio di lavoro o come realizzare un portfolio o quali sono le leve strategiche per emergere in un settore così complesso e saturo. Nasce da qui l'idea di fondare la Bonetto Design Academy e di diventare un design coach.

Attraverso questo libro ho voluto trasmettere una parte della mia esperienza di 35 anni di professione e di quella di uno storico brand quale Bonetto Design con 61 anni di storia (con oltre 1.100 prodotti realizzati).

Quando un giovane designer si affaccia sul mondo professionale è come se si lanciasse da una quota alta senza paracadute o meglio è come se si trovasse davanti un deserto sconosciuto. Vi domando: Attraversereste mai il deserto senza un GPS o senza conoscerlo? No, vero? Bene io sarò il vostro GPS, sarò il vostro design coach per affrontare il mondo professionale del design e per diventare un designer di successo. Buona lettura.

Capitolo 1:
La mia storia

Sono nato e cresciuto a Milano dove sin da bambino ho sempre sentito parlare di design, incomprensibile parola che con il passare degli anni mi ha aperto un mondo straordinario.

Mio padre Rodolfo Bonetto è stato uno dei padri fondatori del design italiano, ha realizzato centinaia di prodotti di svariate tipologie, dalle macchine utensili Olivetti Ocn ai telefoni pubblici Telecom, dalle lampade agli interni auto Fiat.

Abitualmente a casa mia transitavano i grandi nomi del design, dell'architettura e dell'industria, le discussioni spesso erano curiose e appassionate, vedevo mio padre arrabbiarsi e dibattere sul design anche di una banale tazzina da caffè, sostanzialmente tutto era per me normale ma allo stesso tempo esulava da un mio interesse.

Questo perché il mio obiettivo professionale era fare il pilota di auto da corsa, come lo zio Felice Bonetto: mio zio Felice, negli anni '50, fu un grande pilota di auto da corsa, ma nel 1957 morì in un tragico incidente durante la famosa corsa Carrera Messicana. Avevo una passione smodata per tutto ciò che aveva un motore e delle ruote, all'età di 14 anni mio padre mi regalò il primo motorino che iniziai a elaborare per ottenere prestazioni migliori.

Con il passare del tempo e raggiunta un'età adatta ero arrivato a possedere contemporaneamente anche altre 2 moto, un Ktm 125 da cross e una Honda 900 stradale, e questo non faceva stare tranquilli i miei genitori che mi vedevano sfrecciare ad alta velocità. La passione delle auto da corsa era sempre viva e questo rapidamente mi avvicinò al mondo dei rally. Appena neopatentato convinsi mio padre a finanziarmi per correre nel Campionato Italiano debuttando con una A112 Abarth.

Dopo numerose resistenze riuscii a convincerlo promettendogli che avrei venduto le 3 moto che avevo, la cui pericolosità terrorizzava i miei genitori, e spiegandogli che nei rally la velocità era molto bassa rispetto alle corse in pista, quindi a rischio zero. Ovviamente non era così e infatti a una gara che vennero a vedere mio padre mi offrì di ricomperarmi le moto al fine di abbandonare i rally, ma continuai per altri 6 anni a correre. Nel frattempo, però, volevo andare in studio da mio padre per avvicinarmi a quella professione che comunque avevo dentro di me, ma lui non volle e mi fece andare a lavorare per un anno da un suo amico che aveva una concessionaria di pubblicità vendendo spazi pubblicitari su riviste importanti.

Ricordo che il mio primo giorno di lavoro mi mostrarono un tavolo pieno di riviste, da "Famiglia Cristiana" a "Caccia e Pesca" e moltissime altre chiedendomi di sceglierne una per vendere gli spazi pubblicitari: senza titubanza scelsi "Playman", una scelta che piacque molto anche a mio padre perché ogni mese gli portavo una copia fresca di stampa.

Ma inconsciamente dentro di me avevo il DNA del designer e questo mi portò a iniziare a lavorare con mio padre nel 1984. Molti pensano che lavorare con un padre famoso sia facile, in realtà ricordo ancora il primo giorno che mi presentai in ufficio da lui e chiesi dove era la mia scrivania, lui in modo severo mi indicò la stanzetta dove erano accatastati gli scarti di polistirolo dei modelli e mi disse: "Pulisci e mettici un tavolo" e da lì iniziò il mio percorso professionale dove contava di più la donna delle pulizie di me. Ogni giorno apprendevo tutto da lui sul progetto, sulla cultura del design, accendendo una passione che era nascosta dentro di me.

Furono anni straordinari dove spesso avevamo forti discussioni sulle nostre visioni opposte, mi mandò 1 mese in viaggio attraverso l'Europa per visitare i più importanti centri di design, studi di architettura e di industrie per apprendere i modelli organizzativi e i processi progettuali. Da questo lungo viaggio tornai con una chiara visone su quello che poteva essere un nuovo modello organizzativo della Bonetto Design, modello che venne bocciato da mio padre perché ancora legato a una visione consolidata tradizionale.

Passano gli anni e la mia esperienza cresce rapidamente lavorando attivamente sui progetti e sulla gestione del team di lavoro, inizio a fare le mie prime conferenze portando la testimonianza del nostro brand attraverso case history dei progetti realizzati. Nel 1991 mio padre muore dopo aver combattuto con un male incurabile, di colpo mi trovo davanti a una scelta non facile, continuare una attività storica e infulcrata sulla figura di Rodolfo Bonetto oppure accettare le innumerevoli proposte di lavoro offerte dagli amici della mia famiglia; dopo alcuni giorni di riflessione trascorsi sulla scrivania di papà pensai che non potevo chiudere una grande storia e decisi di continuare un cammino non facile.

Il mondo "nobile" del design milanese diceva che non sarei riuscito a portare avanti la Bonetto Design, ma oggi sono qui forte del mio impegno, della mia professionalità e con un brand che è ulteriormente cresciuto. Quando decisi di continuare l'attività il mio primo obiettivo fu quello di non perdere i clienti della Bonetto Design, dovevo fargli comprendere che potevano avere la stessa qualità di progetto anche senza mio padre.

Non fu facile ma riuscii a ottenere la fiducia quasi da tutti; c'era però un cliente in particolare che aveva un rapporto esclusivo con mio padre: Fiat Auto. Un rapporto caratterizzato nel suo svolgimento che avveniva presso il Centro Stile della Fiat a Torino attraverso un gruppo di designer guidati personalmente da mio padre, questi progetti non transitavano nello studio di Milano e rappresentavano il 50% del nostro fatturato, per prima cosa decisi di inviare, attraverso un mio collaboratore, il libro appena pubblicato "Rodolfo Bonetto Trent'anni di design" al Dott. Umberto Agnelli con cui papà aveva una lunga amicizia scaturita all'inizio del rapporto con Fiat a metà degli anni '70.

Quel giorno il mio collaboratore tornò da Torino con ancora il libro dicendomi che il dott. Agnelli desiderava che fossi io a portarglielo, cosa che feci alcuni giorni dopo in uno straordinario colloquio con lui parlando di design e di prodotto. Il Dott. Agnelli era un uomo curioso, mi poneva molte domande e l'ultima fu: "Bonetto ma lei vorrebbe continuare l'attività progettuale che svolgeva suo padre per Fiat?".

La mia risposta fu affermativa ma molto sincera evidenziando che nello studio di Milano non avevamo mai disegnato interni auto. Mi congedò facendomi promettere di andare a trovarlo spesso, come era d'abitudine con mio padre.

Alcuni giorni dopo mi convocò l'architetto Mario Maioli, allora grande capo di tutto il design del Gruppo Fiat, un incontro nel quale Maioli dimostrò grande affetto e stima verso mio padre e la volontà di non perdere il prezioso legame progettuale, così mi diede l'opportunità di sviluppare un progetto test per comprendere le mie capacità: il progetto soddisfò Maioli tanto che la nostra attività di consulenza progettuale durò fino al 2004, sviluppando moltissimi progetti di interni auto e non solo.

Sempre nei primi anni '90 ricevetti una telefonata dall'allora presidente della Facoltà di Disegno Industriale del Politecnico di Milano il quale, con mia grande sorpresa, mi chiese di andare a insegnare, attività che svolsi per 5 anni. Successivamente accettai l'incarico alla SPD (Scuola Politecnica di Design) per realizzare e dirigere un Master di Transportation Design che seguii per altri 4 anni, dopo i quali fui chiamato da Domus Academy per svolgere il medesimo ruolo presso questa prestigiosa scuola di design.

Infine, in questi ultimi anni ho tenuto un corso di design presso l'Accademia di Brera di Milano. Mi piace ricordare una esperienza avuta nei primi anni '90 durante lo sviluppo dei progetti per Fiat dove incontravo spesso l'architetto Maioli, che nel frattempo era uscito da Fiat, e durante una conversazione mi chiese di pensare a una city car 2 posti con un piccolo vano per le borse della spesa e con una scomposizione in pochi elementi della carrozzeria (per rendere economica la produzione).

Pochi mesi dopo nasce "Miki" una city car con un passo di 2,5 mt. su un pianale della Fiat Cinquecento, due posti e un vano bagagli. Vettura pensata per accogliere fino a un motore Fire 1000 oppure una versione ibrida.

Volevo, però, creare anche un progetto più ampio, e per questa ragione realizzai anche un sistema di parcheggi automatizzato installabile facilmente in piccole aree urbane, dove l'utente registrato poteva prelevare una Miki, usarla per il tempo necessario e lasciarla poi in uno dei tanti parcheggi interrati pagando solo il tempo di utilizzo: oggi mi rendo conto che ero stato in Italia il precursore del car sharing attuale.

Presentammo il modello di questa city car al Salone dell'Automobile di Torino nel 1994, ben prima della famosissima Smart, andando a irrompere nel regno degli stilisti dell'auto torinesi, un milanese che cerca di proporre un'auto "non sia mai detto", non vi sto a raccontare quanto fu osteggiato il mio modello, che passò inosservato agli occhi della critica motoristica. Passano gli anni con grandi successi, ormai la Bonetto Design aveva una identità nuova pur sempre rispettando la piattaforma storica di Rodolfo Bonetto.

Nella mia vita ho incontrato personaggi famosi e straordinari, uno di questi fu lo stilista di moda Nicola Trussardi, un uomo di grande cultura e di straordinarie capacità imprenditoriali, il quale dimostrò subito un grande interesse verso il mio lavoro. I mesi che seguirono furono ricchi di molti incontri dove io e lui discutevamo di visioni future, design e cultura del progetto.

Avevamo una affinità straordinaria tanto che nei primi mesi del '99 Trussardi mi fece un'offerta di acquisto del 60% della Bonetto Design chiedendomi di restare alla conduzione e di diventare il centro di design di riferimento per tutte le sue attività eccetto l'abbigliamento.

Trascorsero un paio di mesi per la definizione di un accordo che avrebbe unito i nomi Bonetto e Trussardi per un grande Centro di

Design; nei giorni precedenti la firma degli accordi legali dovetti partire per un breve viaggio in Grecia da un cliente, ma al mio ritorno venni ricoverato d'urgenza in ospedale perché avevo contratto il batterio della Legionella dal sistema di aria condizionata dell'aereo.

 Trussardi fece sapere alla mia segretaria di stare tranquillo che lui avrebbe aspettato la mia guarigione per firmare l'accordo ma destino volle che pochi giorni dopo ebbe un incidente mortale che chiuse la nostra splendida amicizia e tutti i progetti che avevamo fatto insieme.

Dalla Bonetto Design sono usciti molti designer che hanno avuto un grande successo, che hanno ricoperto e ricoprono ruoli importanti in molte industrie internazionali con il nostro imprinting, ogni giorno vivo questa professione come un grande dono della vita, ho fatto un lungo cammino difficile, ho fatto i miei errori da cui ho imparato e mi sono rafforzato, ho vissuto esperienze straordinarie e incontrato personaggi incredibili.

Una di queste esperienze, forse una delle più straordinarie, fu quella di realizzare per Odissey Moon (compagnia aerospaziale privata americana) il design di un modulo spaziale per una missione che partecipava al X Lunar Google Prize: con questo progetto entrai in un mondo incredibile incontrando astronauti, ingegneri aerospaziali e uomini che progettano una vita su altri pianeti, un mondo che progettava il futuro dell'umanità.

Tra gli innumerevoli incontro ho avuto la fortuna di trascorrere alcuni giorni alla NASA, osservando progetti che mai avrei immaginato, progetti allora segreti e che solo oggi iniziano a essere divulgati. Qui ho portato la cultura del design italiano affrontando un progetto di elevata difficoltà, impossibile da sviluppare ma che grazie al nostro ingegno abbiamo portato a termine con successo; questa sarà una esperienza che porterò durante il mio corso live.

Proseguendo negli anni, nel 2005 decido di approcciare il mercato cinese: non conoscevo nulla e nessuno, la lingua cinese era una barriera per acquisire informazioni, ma volevo sbarcare in Cina. Mi si presentò un'occasione di iscrivermi in una missione della Camera di Commercio di Milano per effettuare un viaggio che mi avrebbe consentito di prendere contatto con questo paese e alcune persone coinvolte dalla stessa Camera di Commercio. Un anno dopo circa aprii l'ufficio di rappresentanza della Bonetto Design a Pechino e iniziammo a lavorare per una grande azienda che produceva luxury bus. L'anno dopo vincemmo il premio "The Best Coach of the Year" e da lì incominciammo a ricevere molti incarichi da altrettante aziende.

Furono anni molto faticosi dati i continui viaggi in Cina e i molti spostamenti all'interno di essa, ma ricchi di grandi soddisfazioni che mi hanno fatto vivere esperienze progettuali in un paese con una cultura assai differente dalla nostra. L'esperienza è un patrimonio inestimabile e nel design è il motore principale per raggiungere un'alta professionalità e competenza.

Ecco perché oggi voglio cominciare un lungo cammino attraverso la Bonetto Design Academy offrendo a coloro che iniziano la possibilità di acquisire tutto quello che è il mio valore esperienziale. Concludo ponendo l'attenzione sul mio affetto e la mia gratitudine verso mio padre, affetto che, poco dopo la sua scomparsa, ho voluto manifestare attraverso l'idea di istituire un premio di design rivolto agli studenti e intitolato a lui: la Targa Rodolfo Bonetto, dapprima nell'ambito della manifestazione fieristica SMAU, poi nella fiera Seatec e più recentemente completamente autonoma e organizzata direttamente da me, sostenuta da un Comitato Scientifico di eccellenze e da giurie che ogni anno si alternano per selezionare i progetti meritevoli.

Quest'anno ho la soddisfazione di vedere compiere a questa iniziativa 25 anni, un lungo percorso ricco di progetti degli studenti, un tributo a mio padre di cui sono particolarmente fiero. Ma gli anni passano e penso che ora è giunto il momento di trasmettere a chi lo vorrà tutto il mio patrimonio esperienziale, attraverso la Bonetto Design Academy, per condurre i giovani designer su una strada che li porterà al successo.

Capitolo 2:

Il design

Il design è una disciplina progettuale per l'ideazione e progettazione di oggetti d'uso da prodursi in serie dall'industria, secondo forme esteticamente valide in rapporto alla funzionalità dell'oggetto. Una definizione storica che oggi si è ampliata sia per il ruolo del design e sia per le competenze necessarie. Con il passare degli anni, inoltre, questa parola ha subìto da una parte delle specializzazioni e dall'altra un inappropriato utilizzo.

Per questa ragione ho sempre voluto una definizione di design o designer secondo la tipologia del progetto e della committenza, l'industrial designer realizza progetti a media e alta complessità tecnologica per un'industria media o grande, un furniture designer progetta principalmente prodotti nel settore arredo per la piccola e media industria, l'interior designer lo considero una sorta di decoratore di interni.

Poi vi sono anche specificità come car designer, graphic designer, web designer, e altre che sono nate successivamente fino ad arrivare a usi impropri dove la definizione design viene usata esclusivamente perché fa "figo". Il sistema del design italiano rappresenta un modello unico nel panorama mondiale, fatto di concretezza, di capacità di sintesi tra discipline differenti e di un immaginario di ricchezza straordinaria.

Il designer si trova al centro del progetto e deve comprendere non solo le esigenze tecniche ma deve interpretare anche le esigenze del marketing, degli investimenti produttivi e dei mercati dove il prodotto sarà commercializzato. Il design è una espressione di creatività nell'ambito dei vincoli tecnici e tecnologici assegnati all'inizio del progetto, ovviamente un prodotto complesso avrà una serie di vincoli maggiori rispetto un prodotto semplice come potrebbe essere quello nell'ambito dell'arredo; tutti comunque richiedono uno sforzo creativo e innovativo.

Dico innovativo perché il design non deve essere unicamente una espressione di bellezza ma deve anche saper creare una innovazione sia che essa sia piccola o grande, oggi molto spesso grazie alla tecnologia e ai materiali si può creare un design innovativo senza tradire il rapporto forma/funzione. Storicamente il design italiano ha generato delle correnti di pensiero espressivo, che dovreste aver studiato durante la vostra formazione; con l'avvicendarsi di queste correnti di pensiero siamo giunti a metà degli anni '90 senza più nuovi linguaggi espressivi codificati, senza che nessuna nuova corrente di pensiero sia stata generata.

La ragione non è del tutto comprensibile, io penso probabilmente che sia da ricondurre al moltiplicarsi di scuole che non hanno impresso una matrice espressiva, come per esempio in passato hanno fatto la Hocschule fur Gestaltung di Ulm, o la Bauhaus, altre scuole che invece hanno semplicemente insegnato un mestiere senza trasmettere un'anima, un imprinting di un linguaggio o di una teoria di pensiero.

Inoltre, il design italiano è sempre stato caratterizzato dalla ricerca e dalla sperimentazione anche grazie a molti imprenditori illuminati che la supportavano, basti vedere cosa hanno prodotto molte aziende dell'arredo, e non solo, negli anni '60 e '70 creando delle vere e proprie icone del design che in alcuni casi sono ancora sul mercato. Un altro aspetto che ha condizionato è anche stata la scomparsa graduale dei riferimenti dei consumatori, in passato il designer riceveva una sorta di identikit del destinatario dell'oggetto che stava progettando e questo aiutava molto la definizione di un'anima del design.

Questi riferimenti scomparsi hanno creato una sorta di "jam market" che ha portato il design a produrre più un pensiero o una creatività generalizzata che andasse bene per tutti. Il desiderio dell'uomo è sempre stato alla base di un'idea di prodotto, e se non si comprende più cosa esso desidera diventa più difficile realizzarlo.

Altro punto non trascurabile è la vita media dei prodotti che rispetto al passato si è drasticamente accorciata anche per una tecnologia che cresce sempre più rapidamente e rende obsoleti i prodotti; pensate che in passato un prodotto aveva una vita media sul mercato di 5/6 anni mentre oggi abbiamo prodotti che non raggiungono i 24 mesi.

Questo fa sì che si inneschi una sorta di ricerca spasmodica che porta il designer a esprimere molto spesso un design debole e poco duraturo, un progetto di design realizzato molto rapidamente senza quel tempo di riflessione e sperimentazione necessari a creare prodotti di alto valore creativo.

Alcuni esempi sono i telefoni cellulari, poco più di 12 mesi di vita; le automobili che dopo circa 2 anni subiscono un face lifting (ovvero un ritocco leggero su alcune parti dell'autoveicolo); i beni bianchi (lavatrici, frigoriferi etc.) che ogni 2 anni cambiano; questi sono solo alcuni esempi per farvi comprendere la vita breve dei prodotti rispetto al passato.

Ma perché spesso vediamo oggetti disegnati negli anni '60 o '70 che ancora oggi ci sembrano molto attuali? La risposta è semplice, in passato il processo progettuale di design aveva un tempo di sviluppo maggiore rispetto oggi, e questo dava modo di "sedimentare" l'idea ovvero di lasciarle quel tempo giusto per guardare il progetto con calma.

Questo tempo a disposizione era anche legato a dei tempi di realizzazione e programmazione del prodotto assai più lunghi di quelli odierni, per citare il solito esempio: 30 anni, fa dal momento in cui si partiva a fare il design di un auto fino alla sua messa sul mercato passavano 4/5 anni, oggi siamo all'incirca a 2/3 anni, ciò vuol dire che tutti i tempi di sviluppo e progettazione si sono ridotti drasticamente, aumentando eventuali rischi di errori.

Il design, grazie anche ai supporti hardware e software, ha cancellato alcuni passaggi nello sviluppo del progetto, spesso a scapito della qualità espressiva. I vincoli assegnati sono aumentati e il costo di produzione si abbassa sempre di più lasciando margini inferiori alla creatività, anche se mio padre diceva "Più vincoli mi date e più sarò creativo". Principio corretto perché se un designer non ha vincoli non ha le sollecitazioni per realizzare un buon progetto.

Ma questo sarebbe un argomento da approfondire maggiormente per comprendere meglio come oggi si opera in un contesto molto differente dal passato, cosa che faccio nel mio corso "Vuoi diventare un designer di successo?". Quindi in quale scenario ci troviamo a operare oggi? È uno scenario che per noi designer italiani è molto favorevole dal punto di vista commerciale, e lo sarà ancora per molti anni. Dico questo perché nel mondo il nostro stile è unico e molto apprezzato (a parte qualche Stato molto nazionalista come Francia, Giappone e altri): non a caso moltissime industrie Coreane, Cinesi e di altre nazioni hanno centri stile con a capo o con team di designer italiani.

Questo vuole dire che non dobbiamo adattare il nostro progetto a culture differenti dalle nostre ma semplicemente proporre la nostra creatività e il nostro gusto stando solo attenti al grado di innovazione da applicare. La mia ampia esperienza in Cina mi ha insegnato che per esempio la Cina non è tutta uguale, esistono regioni che percepiscono meno i prodotti con un design troppo innovativo o troppo aggressivo, quindi bisogna essere capaci di creare un giusto equilibrio nelle forme e nei dettagli.

Proprio in Cina durante una mia intervista una giornalista mi chiese quale fosse la formula magica per realizzar un design italiano, come se noi custodissimo una sorta di incantesimo per la creatività: in realtà gli risposi che non esiste una formula magica ma è insito nel nostro DNA. Torniamo allo scenario: un fattore molto difficile con cui ci troviamo a operare in questi anni è il grande e lento cambiamento di epoca; pensate solo al fatto che stiamo realizzando design di prodotti che devono andare bene per 4 generazioni estremamente differenti tra di loro (Traditional, Boomer, Generazione X e Millenial).

Questo vuol dire che, per esempio, un Millenial trova estremamente noioso ciò che piace a un Traditional e viceversa il Traditional non comprende la Generazione X, quindi in fase di ideazione e progettazione bisogna creare un mix favorevole a tutti, operazione assai complessa. Per farvi un esempio, un cinquantenne che compra un cellulare nuovo ci mette un tempo abbastanza lungo per comprenderne le funzioni, mentre un dodicenne in pochissimo tempo già padroneggia lo strumento.

Questo per il design è un aspetto importante, come anche gli stili di vita che sono un forte riferimento per noi – il cambio di epoca si riflette anche in questo, unitamente a una tecnologia che cresce con una rapidità estrema rispetto al passato: guardate i cellulari di 10/15 anni fa e guardate quelli attuali e capirete cosa voglio dire. Questo scenario porta il design e il designer a una apertura di pensiero e di ingegno oltre ogni limite anche in relazione al time to market citato in precedenza. A questi aspetti si aggiunge, come già detto, la parte tecnica e tecnologica con i vincoli produttivi e di costo di produzione.

Spesso mi trovo di fronte a committenti che non accettano un delta costo di 50 centesimi perché moltiplicato diventa destabilizzanti sul prezzo finale sul mercato, è un po' come trovarsi in una gabbia che si restringe sempre di più dandoci la percezione di non poter operare con un progetto innovativo.

La soluzione è avere una vasta competenza e conoscenza, fattori che ci danno la possibilità di creare innovazione formale e di contenuto, in questo il design italiano riesce a esprimersi molto bene, riesce a trovare soluzioni impossibili esprimendo bellezza e identità.

Non dimentichiamoci che quando andiamo in un grande negozio di elettrodomestici – dove troviamo file interminabili di lavabiancheria, frigoriferi, tutti con allineamenti di prezzo secondo una fascia di prodotto prestabilita, con performance e tecnologia identiche – la scelta può basarsi solo su due aspetti: il brand o il design. Il design oggi è molto complesso e richiede una metodologia specifica e una ampia conoscenza, anche questo un tema che nel mio corso live tratto in modo approfondito passo per passo.

Fino a ora mi sono riferito al vero e proprio industrial design, quindi rivolto a tipologie di prodotto di beni di consumo durevoli, tecnologici. Per un settore come l'arredo, invece, le cose sono in parte affrontate in modo più semplice ma complesso allo stesso tempo.

Ogni anno a Milano si tiene la fiera del Salone del Mobile dove centinaia di migliaia di visitatori vengono da tutto il mondo per osservare le nuove tendenze che però sono molto spesso espresse attraverso i colori, i materiali e meno attraverso le soluzioni. Ciò non vuole dire che sia semplice, ma è affrontato in modo differente e con uno spirito diverso. Cosa vuol dire questo?

Vuol dire per esempio che quando realizzo il design per un committente che sulla realizzazione del mio prodotto investe 400.000 dollari o 1 milione di dollari ho una responsabilità forte sul successo o insuccesso di quel determinato prodotto, molto meno se il mio committente investe qualche migliaio di dollari per un tessuto o un materiale su un prodotto semi-artigianale. Questa è la ragione per la quale all'inizio vi ho scritto di una grande differenza tra industrial design e furniture design, o interior design.

Se l'automobile che ho disegnato non piace e non se ne vendono io, come designer, ho prodotto un danno colossale e il mio committente per rimediare ci metterà un paio di anni; se sbaglio a disegnare un divano o un mobile arreco sicuramente un danno ma il committente ci metterà pochissimo tempo a realizzarne uno nuovo da sostituire. Questo è un concetto molto spesso non comprensibile alla massa critica del design.

Nonostante questa confusione e complessità oggi il design ha un ruolo importantissimo e lo avrà sempre di più nei prossimi decenni quando si affronteranno nuove tematiche. Non dimentichiamoci però che sempre e comunque il design deve far sognare, deve trasmettere un racconto e creare quella attrattività che porterà il consumatore ad acquistarlo.

Capitolo 3:
Scenari professionali

Al termine del vostro percorso formativo, che sia una laurea o un diploma in design, vi troverete davanti a un mondo pressoché sconosciuto, il mondo professionale. Un mondo che determinerà in gran parte il vostro successo o insuccesso come designer: certo avete appreso tutte le tecniche, avete studiato la storia del design, siete bravi, vi sentite forti, ma vi state affacciando su qualcosa che non conoscete o conoscete parzialmente.

La vostra convinzione di essere bravi, di sentirvi forti e che sicuramente troverete una collocazione presso un centro di design prevarrà sul realizzare una pianificazione del vostro ingresso. Ponetevi la domanda del perché dovrebbero proprio scegliere voi anziché centinaia di altri giovani designer, dovete necessariamente creare quella differenza che vi consentirà di avere una marcia in più.

È importante dapprima avere una visione chiara dello scenario principale del design e successivamente di quello geografico per realizzare una vera e propria strategia che vi aiuterà a presentarvi al meglio, senza inutili tentativi che vi farebbero perdere tempo e denaro. Lo scenario si suddivide principalmente tra:

- Studi professionali (più o meno grandi)
- Centri di Design (autonomi)
- Centri di Design (all'interno di aziende produttive)
- Advanced Design Center
- Freelance

Queste sono le 5 tipologie principali di riferimento. La prima, quella più diffusa in Italia, ha come riferimento un nome del designer protagonista che si avvale di un certo numero di collaboratori spesso con peculiarità differenti, ha una dimensione piccola o media con caratteristiche organizzative semplici.

In Italia questa configurazione rappresenta la storia del design con nomi quali Rodolfo Bonetto, Marco Zanuso, i fratelli Castiglioni e molti altri studi che si basano sulla genialità del designer, supportato da alcuni collaboratori.

Le dimensioni sono di circa 5/10 designer e come citato prima il riferimento principale è il designer titolare dello Studio: questo rende la comunicazione interna semplice, quasi familiare, lavorando assieme a lui o con una forte influenza sua.

Il design italiano è nato proprio con questa tipologia, per esempio negli anni '70 mio padre aveva uno Studio composto da 5 collaboratori che quotidianamente sedevano assieme a lui schizzando su fogli di carta i prodotti con un confronto e un dialogo continuo; successivamente sui loro tecnigrafi venivano realizzati i disegni tecnici che mio padre verificava e modificava.

Non esistevano i computer, il processo progettuale era più semplice e questo generava un ritmo lavorativo meno stressante di oggi. Attraverso questo modello si sono sviluppati i grandi progetti di design italiano di circa un quarantennio.

La seconda tipologia, il Centro di Design o più comunemente chiamato Design Center, è una media o grande struttura progettuale, con la finalità di offrire un progetto "chiavi in mano" ovvero pronto da produrre, alcuni esempi storici sono strutture come Italdesign Giugiaro oppure Idea Institute, vere e proprie aziende di progetto nate a supporto dell'industria automobilistica e non solo. Sono centri di progetto nati non solo per la grande capacità di design ma anche per fare fronte a una richiesta dei produttori con strutture di progetto sottodimensionate, quindi con una necessità di avere non solo progetti di design di elevata qualità ma anche progettazione tecnica, ingegneria, realizzazione modelli e prototipi fino ad arrivare alla sperimentazione.

In queste strutture è presente una organizzazione simile a quella di una vera e propria azienda di produzione con all'interno funzioni manageriali, commerciali e di team di lavoro spesso suddivisi per specializzazioni o tematiche di progetto, le dimensioni variano fino ad arrivare alle centinaia o migliaio di persone e un'ampia attrezzatura hardware e software.

In passato, alcuni di questi nomi legati all'automobile, con una origine di carrozzieri storici come Pininfarina, Bertone, sono arrivate a realizzare piccole produzioni in serie. Oggi sono strutture praticamente scomparse, ridimensionate o acquistate dalle stesse case automobilistiche.

La terza tipologia, Design Center, è simile alla seconda ma si trova all'interno di grandi aziende di produzione, come Volkswagen, Apple, Samsung, sono centri che hanno talvolta dimensioni importanti e spesso sono moltiplicati in aree geografiche differenti (uno in Europa, uno negli Stati Uniti e uno in Asia) o nel caso di grandi gruppi sono suddivisi per i brand del gruppo stesso.

Raggiungono le centinaia o migliaia di persone con una gerarchia ben precisa subordinata alla gerarchia della azienda stessa, e una organizzazione di alto livello qualitativo. La peculiarità di questi Centri di Design è che lavorano quotidianamente a stretto contatto con le altre funzioni coinvolte nel progetto per una verifica costante di ciò che viene progettato con un flusso di informazioni quotidiano.

Hanno, però, un po' il difetto di essere monocultura, ovvero devono sviluppare sempre la stessa tematica di prodotto senza creare quella trasversalità che a mio giudizio giova molto alla mente. Dico questo perché ho visto troppe volte interi team di designer appiattiti dal sistema interno, dove la freschezza delle idee sfumava a favore di una quotidianità progettuale viziata. Con questi Centri Stile ho collaborato moltissime volte sia per il Gruppo Fiat, oggi FCA, sia per il Gruppo Volkswagen o BMW, e la nostra mission progettuale era proprio quella di sviluppare il design secondo una visione trasversale di industrial design.

Nella Bonetto Design trattiamo da 61 anni prodotti di qualsiasi genere, e passiamo quotidianamente da un'automobile a una macchina per caffè, portandoci a vivere culture progettuali e industriali differenti dove riusciamo anche a traslare idee da un comparto all'altro e viceversa generando freschezza e innovazione.

La quarta tipologia: gli Advanced Design Center, sono centri di design nati più recentemente, che sviluppano una attività di ricerca del design e dei concept innovativi. Questa tipologia è spesso presente nelle grandi industrie come un laboratorio che riesce a produrre innovazione in largo anticipo rispetto ai Centri di Design, fornendo a loro le indicazioni e i metaprogetti su tematiche affrontate in largo anticipo.

Molto spesso i Design Center sono impegnati a seguire una programmazione progettuale che non lascia spazio al pensare, e di conseguenza ad affrontare tematiche altamente innovative: per questa ragione sono nati gli Advanced Design Center dove non si è pressati da una programmazione e dove si raccolgono sollecitazioni e visioni anche da altri comparti produttivi e culture differenti tra loro, e da tutto ciò che è innovativo per poi tradurlo in idee nuove che lentamente vengono filtrate come se fosse un grande imbuto.

Sono anche degli osservatori che colgono tutto ciò che accade, seguono gli stili di vita, recepiscono nuovi materiali e nuove invenzioni tecniche e tecnologiche. Ogni volta che vedete in un Salone dell'auto una cosiddetta concept car dai contenuti futuristici sappiate che è frutto dell'advanced design e vi annuncia una direzione futura del prodotto prossimo.

Certamente l'advanced design ha una libertà progettuale quasi totale e lavora con una mente libera, assorbe tutto quello che può essere sperimentato. Un esempio di questa tipologia di attività era Steve Jobs che attraverso Apple ha prodotto oggetti altamente innovativi derivanti da pensieri liberi e di ricerca al di fuori da ogni vincolo. Lui voleva un computer bello e innovativo, voleva una scatolina che contenesse migliaia di brani musicali quando tutti pensavamo che il walkman della Sony fosse già perfetto – ovviamente tutto senza prescindere da una innovazione tecnologica.

La quinta tipologia, il freelance: è una soluzione molto rischiosa all'inizio perché comporta l'avere già molte conoscenze di gestione della professione che voi non avete ancora. Molti giovani designer vengono attirati dall'indipendenza, magari da un amico che ha una piccola azienda e commissiona qualche progetto che i designer riescono a sviluppare autonomamente, ottenendone la sicurezza di potersi sviluppare rapidamente dal punto di vista professionale, ma nella maggior parte dei casi finisce tutto tragicamente dopo qualche anno.

Non consiglio mai di intraprendere inizialmente questa strada, semmai è possibile farlo dopo alcuni anni di esperienza acquisita presso uno studio o un design center, questo perché essere freelance comporta un aggravio di costi e di investimenti non indifferente, comporta il fatto che dovrete non solo sviluppare il progetto da soli ma dovrete fare anche il commerciale di voi stessi, cercare clienti, e occuparvi di tutti gli aspetti legati alla professione impedendovi di crescere rapidamente.

Per un giovane designer conoscere queste tipologie di scenari è fondamentale per orientare il proprio percorso professionale e anche per comprendere se si è disposti a trasferirsi in un altro paese: dico questo perché ormai il mondo industriale non può più prescindere dal design, e quello dei Design Center è molto più presente in altre nazioni che non in Italia, dove invece è molto diffuso e prestigioso il primo scenario degli Studi professionali di design.

Molto spesso mi chiedono: "Quale è il paese che offre maggiori opportunità per un designer italiano?".

L'Italia offre ancora molte opportunità ai giovani designer, certamente la selezione è più difficile ed emergere ancora di più, ma abbiamo ancora spazio per coloro che iniziano a fare i designer, soprattutto se diventano rapidamente veri talenti.

Consideriamo, inoltre, che una esperienza progettuale in Italia fornisce una sorta di "certificazione" spendibile ovunque, il nostro modo di pensare e fare progetto è unico e di grande interesse nel mondo. Ci sono tante nazioni che sono molto predisposte ad "arruolare" giovani talenti italiani, oggi la prima tra tutte è la Cina, dove sono "assetati" di cultura di design italiano e dove tutte le aziende vogliono dotarsi di centri di design interni con un modello e una cultura progettuale collaudati come quello italiano.

Alcuni anni fa una importante azienda cinese, con al suo interno 4 designer cinesi, mi chiese di fare per 12 mesi la formazione a questi e ai manager per trasmettere la nostra cultura progettuale e la nostra metodologia; ogni mese mi recavo da loro per 5 giorni e svolgevo un programma specifico inerente alla loro produzione facendo non solo lezioni teoriche ma anche pratiche sui progetti.

Dopo circa un anno dalla mia formazione avevano realizzato un centro di design interno con 12 persone e tutti i manager dell'azienda avevano una cultura di prodotto fortemente orientata al design; oggi realizzano prodotti con un'ottima qualità di design dove si riconosce una chiara ispirazione a una tipica cultura di design italiano.

È inutile dirvi, però, qualora decideste di lavorare in Cina, che ciò comporta davvero un grande cambiamento di stile di vita e spesso grandi sacrifici, perché i contesti urbani e lo stile di vita sono molto diversi dal nostro. Conosco molti giovani che non avendo trovato un inserimento professionale in Italia sono andati a lavorare in Cina, dove certamente ricevono una remunerazione maggiore ma a fronte di una qualità di vita che per un europeo e ancora di più per un italiano è difficile sostenere.

Anche in Europa si trovano opportunità interessanti perché i Centri di design spesso cercano designer di culture differenti tra di loro. Avendo collaborato con molti di questi centri vedevo sempre team composti da nazionalità diverse che convergevano sul progetto con visioni differenti ma che alla fine si coniugavano in una visione unica con risultati eccellenti.

Negli Stati Uniti, paese che offre sempre grandi opportunità, si possono trovare collocazioni molto interessanti, ma bisogna aver modo di vivere ed entrare in contatto con le molteplici attività industriali e progettuali presenti nel territorio.

Ricordatevi sempre che un designer italiano ha una grande appetibilità all'estero per il suo DNA creativo e il suo gusto estetico e questo è un valore aggiunto di cui siamo dotati gratuitamente.

Tutti questi scenari possono essere percorribili tenendo ben presente le peculiarità che vi ho descritto, spesso molti iniziano da uno studio professionale in Italia per poi dopo qualche anno – avendo acquisito esperienza – cogliere le opportunità all'estero in strutture più grandi che offrono anche carriere più ampie. Dipende da quale è la vostra vocazione e il vostro obiettivo, in ogni caso ricordatevi che fare il designer è una professione straordinaria che però implica l'impiego di molte energie sia mentali che fisiche.

Capitolo 4:
Entra nel mondo del design

Molti studenti, correttamente, sono concentrati sulla propria formazione, sul superamento degli esami che di volta in volta ne determinano il percorso formativo, senza prepararsi al momento in cui necessariamente dovranno confrontarsi con un mondo professionale. Il design è un mondo straordinario ricco di cultura e di persone ognuna delle quali ha una sua esperienza: designer, architetti, critici, giornalisti, scrittori, imprenditori e tanti altri che creano un circuito vastissimo prezioso.

Questi sono coloro con cui dovrete convivere quando sarete dei professionisti, alcuni dei quali potranno anche esprimere un giudizio pubblico importante su quello che andrete a fare, ma non solo: è anche quel mondo che vi può offrire una visibilità, ragione per la quale dovete imparare a conoscerlo subito.

Il "Sistema Design Italia" è un circuito nel quale sono coinvolti numerosi attori, dalle istituzioni pubbliche alle imprese, recentemente è nato ADI - Design Museum Compasso d'Oro, un museo che esporrà la collezione del Premio Compasso d'Oro e accoglierà eventi e mostre dedicate al design, ma non solo: è anche un luogo d'incontro con un bookshop, un ristorante e bar – un'occasione perfetta per respirare l'aria del design e magari fare qualche incontro eccellente.

Ma frequentare luoghi del design non basta: per prima cosa partecipate alle competizioni, ovvero tutti i premi di design rivolti agli studenti, non pensate che sia inutile dedicare del tempo e delle energie a produrre un progetto che entra in competizione con molti altri. Partecipare a queste competizioni è un primo passo di visibilità gratis, ma non solo è anche un primo passo per confrontarsi con altri giovani come voi.

Io ad esempio da 25 anni porto avanti il Premio Targa Rodolfo Bonetto, riceviamo centinaia di progetti di studenti che ogni anno si confrontano su temi di design concept innovativi, ci sono molti studenti che realizzano progetti con grande impegno e altri che inviano un manufatto in modo svogliato e privo di un'idea.

Le competizioni come questa sono un palcoscenico privilegiato, dove illustri membri della giuria, critici del design, imprenditori e giornalisti osservano le vostre idee: spesso è accaduto che alcuni giovani partecipanti, per le loro capacità innovative, siano stati chiamati per svolgere uno stage, addirittura in due occasioni i progetti sono stati attenzionati da parte di aziende che poi li hanno realizzati. Partecipare alle competizioni, quindi, non è inutile ma è una sana opportunità da cogliere sempre.

A volte molti studenti dicono che sono già troppo impegnati con le attività della scuola e che non hanno tempo per realizzare un progetto da presentare a un premio di design senza comprendere che questa professione non ha orari o limiti di tempo: quando sarete professionisti vi accorgerete che anche alla sera, di notte dovrete lavorare per rispettare una tempistica progettuale, quindi iniziate sin da ora a farlo.

Di questi premi nel mondo ce ne sono parecchi, e vi consentono anche di avere progetti: anche se non vincete o non ricevete nessun riconoscimento, avrete comunque un progetto interessante da inserire successivamente nel vostro portfolio, e se vincerete potrete dare lustro al vostro curriculum.

Per entrare ancora di più nel mondo del design esiste una associazione professionale denominata ADI (Associazione per il Disegno Industriale), mio padre ne è stato presidente due volte e io sono stato membro del Consiglio Direttivo e di numerose Commissioni tematiche. Entrare a fa parte di questa associazione è semplice e vi consentirà di avere modo di incontrare professionisti e aziende.

Ma non solo: se darete la disponibilità avrete l'opportunità di prestare la vostra collaborazione su qualche iniziativa – certo parliamo di volontariato, ma nell'associazione avrete modo di mettervi in evidenza e di acquisire conoscenze di cultura del design. Frequentate mostre, workshop, seminari dove ascolterete professionisti e personaggi legati al mondo del design che vi daranno una visione ampia e contribuiranno alla vostra conoscenza.

Lo so, questo vorrà dire rinunciare a qualche divertimento, agli amici, ma sappiate che la strada verso il successo è fatta di impegno e conoscenza. Se siete tipi da divano o Playstation lasciate perdere, non proseguite nel design: rischiate di essere delle mediocrità o peggio ancora di dover cambiare lavoro.

Qualcuno può pensare che sono stato fortunato a essere il figlio di Rodolfo Bonetto, che la mia strada sia stata facile, ma non è stato così. Posso dirvi che ho fatto e continuo a fare quello che vi sto indicando in questo libro perché il percorso di apprendimento e conoscenza nel design non si arresta mai.

In qualche modo per me è stato più difficile di quello che sarà per voi, perché il figlio di un nome storico non può fare errori: contrariamente a uno sconosciuto, a me non era consentito sbagliare e ciò ha richiesto uno sforzo superiore. Sono sempre attento agli incontri dove posso acquisire know-how o semplicemente ascoltare persone che trasmettono le loro esperienze e le loro conoscenze, vi sembrerà strano ma ancora oggi continuo a imparare e mi sorprendo di quello che nel mondo industriale accade.

Attualmente seguo con molta attenzione l'evoluzione tecnologica e i nuovi territori che l'uomo sta esplorando per una futura vita su altri pianeti, è straordinariamente affascinante e sollecita molto la mia creatività. Noto, purtroppo, che nei giovani designer non c'è quella sete di sapere, sete che trovo per esempio in culture non ancora radicate nel design: quando Steve Jobs disse agli studenti di una università: "Siate affamati, siate folli" ha descritto ciò che per un uno studente di design è importante – l'appiattimento intellettivo e la non conoscenza non farà mai diventare grande un designer.

Nel corso del mio percorso professionale ho realizzato tanti oggetti, molti dei quali sono utilizzati quotidianamente da ognuno di noi, oggetti che hanno segnato delle epoche e degli stili di vita, ma mai come in questi anni ci troviamo di fronte a un nuovo mondo che cambia rapidamente. Pensate solo all'intelligenza artificiale, ad automobili con guida autonoma, a robot che sono in grado di pensare e avere sentimenti, fino ad arrivare a nuovi territori nello spazio che l'uomo andrà a occupare.

Tutto ciò, e molto altro, apre dei nuovi scenari per il design che sarà sempre chiamato a operare attraverso un progetto rivolto all'uomo. Non si può pensare di realizzare progetti senza conoscere la storia, il presente ma soprattutto il futuro. Ecco la ragione per cui dovete acquisire conoscenza, dovete entrare nel mondo del design, essere sempre presenti ove ci sia una opportunità di ascoltare, osservare e interagire. Molti dei miei studenti e di coloro che seguono i miei corsi cercano di acquisire la mia esperienza ponendomi spesso domande complesse, o semplicemente ascoltando quello che espongo durante gli incontri.

Ma il mio sapere non è completo, perché il sapere di un designer non raggiunge mai la completezza, siamo professionisti che vivono in anticipo il futuro sia esso vicino o lontano, dobbiamo interpretare i gusti, i bisogni e i sogni della gente attraverso i nostri progetti che poi saranno tradotti in prodotti. Molti studenti pensano che dopo aver studiato la storia del design italiano e avere appreso le nozioni sulle tecnologie la loro formazione sia completa, ma non è così.

Basti pensare che mentre voi studiavate nel mondo sono nate nuove tecnologie, nuovi materiali, i trend di prodotto sono cambiati, la gente ha nuovi bisogni e questo accade in continuazione, anche mentre leggete questo libro. Oggi abbiamo uno strumento straordinario, internet, grazie al quale potete accedere a miliardi di informazioni, potete visitare virtualmente luoghi, mostre, potete inserire un argomento e avere centinaia di pagine che vi danno delle risposte.

La conoscenza e l'apprendimento costante sono un obbligo morale e professionale per un bravo designer, quindi incominciate sin d'ora a fare ciò che vi ho descritto in questo capitolo.

Capitolo 5:
Affronta il mondo professionale

Come descritto precedentemente affrontare il mondo professionale richiede una attenta strategia e molta preparazione, la maggior parte dei ragazzi si affretta a realizzare un portfolio dei progetti realizzati a scuola e lo invia massicciamente agli studi professionali e alle aziende senza una strategia precisa, senza pensare a come colpire il vostro interlocutore.

Personalmente ricevo via e-mail mediamente 10/15 curricula alla settimana con un testo di presentazione che si capisce fatto con il "copia" e "incolla" che non desta il mio interesse a visionare il portfolio dei progetti del candidato. Talvolta do uno sguardo rapido ai progetti allegati e mi rendo conto che non sono stati realizzati per colpirmi, addirittura spesso con tematiche di progetto non attinenti a quello che realizziamo in Bonetto Design, con progetti fatti durante il percorso formativo e nulla fatto autonomamente.

Mi domando sempre perché un candidato con un portfolio di graphic design si rivolga a me che opero nel campo dell'industrial design – è la prova che non pensano al destinatario e alla sua specificità progettuale.

A volte decido per un incontro del candidato e mi si presenta un colloquio drammatico privo di elementi che mi portino a una decisione di offrire un'opportunità di collaborazione o di stage.

Su questo argomento esiste una precisa preparazione e alcuni accorgimenti che potranno determinare il successo dell'incontro, nei miei corsi non solo insegno una qualificata preparazione su questo tema ma faccio effettuare esercitazioni pratiche che portano lo studente a una rapida consapevolezza dei criteri da utilizzare. Come prepararsi, quindi? I punti sono i seguenti:

- Ricerca degli obiettivi
- Studio degli obiettivi individuati
- Elaborazione testi
- Elaborazione portfolio progetti
- Prepararsi al colloquio

Iniziate a fare una ricerca di quali sono i vostri obiettivi secondo la vostra vocazione progettuale, ad esempio se amate di più fare l'arredo o l'illuminazione rivolgetevi esclusivamente a chi ha una vasta produzione progettuale su queste tematiche, viceversa se siete bravi e amate il car design rivolgetevi a chi fa questi progetti, sembra banale ma questa è una scelta indispensabile affinché vi sentiate a vostro agio nel trattare il tema e il vostro interlocutore altrettanto.

Effettuate una ricerca sui nomi che operano in questi settori, fatevi un'idea di loro, della loro storia, dei loro progetti migliori, delle tematiche che affrontano: questo vi consentirà non solo nel testo di una e-mail ma anche in un colloquio di far percepire al vostro interlocutore che lo conoscete bene, che avete un grande rispetto e ammirazione per quello che realizza, magari soffermandovi su qualche specifico prodotto che avete apprezzato.

Scrivete un testo di presentazione breve per una e-mail, dove in poche parole fate comprendere la vostra conoscenza verso l'attività dell'interlocutore e le vostre peculiarità progettuali probabilmente adatte a lui, rivolgetevi sempre a una persona e non all'azienda in generale. Preparate un portfolio con pochi progetti ma di alto valore: non interessa vedere numerosi progetti che avete fatto all'inizio dei vostri studi e alla fine, non interessa vedere quanto siete fighi a fare i rendering, quello che interessa è come la vostra creatività sviluppi progetti credibili e realizzabili.

Molto importanti sono anche i progetti realizzati al di fuori della scuola su tematiche innovative: non disegnate la solita sedia. Dico questo perché è più interessante vedere espresso il vostro pensiero progettuale elaborato da solo e non sotto la guida di un docente, o fatto in gruppo con vostri colleghi, personalmente voglio comprendere non tanto le capacità realizzative del disegno ma quelle di pensiero.

Nella vostra e-mail non chiedete esclusivamente di ottenere un colloquio finalizzato a un inserimento professionale ma dimostrate anche semplicemente l'interesse a un semplice incontro per avere un confronto sul vostro lavoro, questo farà sentire il vostro interlocutore più coinvolto e con meno obblighi nei vostri confronti.

Ultima indicazione, quanto inviate l'e-mail, considerate sempre che chi vi legge non ha tempo e in massimo 1 minuto deve decidere se darvi risposta affermativa o meno, o ignorarvi del tutto.

Passiamo ora al colloquio, finalmente ricevete la risposta affermativa e vi dovete presentare di persona, immagino a quanti batterà a mille il cuore ma è importante seguire queste semplici indicazioni: per prima cosa preparate l'incontro, tenete ben presente che vi verrà dedicato un massimo di mezz'ora, io in genere dedico 20 minuti.

Studiatevi bene la storia e i progetti realizzati dal vostro interlocutore, preparatevi sul perché avete scelto lui e perché sareste felici di entrare nel suo team di lavoro. Io in genere al candidato chiedo prima di tutto perché ha scelto la Bonetto Design, e credetemi la quasi totalità dei ragazzi risponde in modo sommario, solo alcuni mi hanno trasmesso delle motivazioni talmente forti che poi sono diventati tutti miei collaboratori.

È superfluo che vi dica di utilizzare un abbigliamento normale, non fate i designer alternativi con capi improponibili e soprattutto non fate i simpaticoni. In 20 minuti esponete con fermezza, senza incertezze, il vostro portfolio ed esprimete il vostro pensiero progettuale, siate sintetici e con poche parole fate emergere il vostro pensiero.

Se volete approfondire un tema attendete che sia il vostro interlocutore a chiedervelo. Ponete anche qualche domanda a lui sulla sua attività in modo che qualsiasi sia l'esito dell'incontro potrete portarvi a casa un arricchimento della vostra cultura. Nel mio corso live effettuo delle simulazioni che fanno comprendere ciò che vi ho scritto, spesso suggerisco ai più impacciati di iscriversi a un corso di public speaking dove si insegnano le tecniche adatte.

La troppa sicurezza a volte viene interpretata come atteggiamento presuntuoso, pertanto cercate di equilibrare un giusto mix di ingenuità e sicurezza, ricordatevi che non sempre troverete un interlocutore simpatico o disponibile a un dialogo, sta in voi ammorbidirlo e renderlo soddisfatto di avervi incontrato. Vorrei anche dare dei suggerimenti per chi decidesse la strada di freelance, ovviamente queste basi descritte vi potrebbero sembrare inutili se iniziate direttamente rivolgendovi a un possibile cliente che dovrà affidarvi un progetto, ma in parte non sarà così.

Mio padre Rodolfo Bonetto, quando decise di fare il designer, nel 1957, cercò una formula che gli facesse acquisire una esperienza progettuale e allo stesso tempo fornire una consulenza di design, e trovò un'azienda, la Borletti, che lo mise a contatto con i tecnici progettisti.

I tecnici gli trasmettevano la loro esperienza progettuale lavorando insieme a lui che in cambio realizzava la parte di design: un sodalizio che durò alcuni anni portandolo a realizzare dei prodotti che sono nella storia del design italiano, una tra tutte l'orologio sveglia Sfericlock.

Ma andiamo per ordine: fare il freelance seriamente comporta una serie di azioni e una strategia complessa, dovete inizialmente costruire la vostra immagine e identità perché sarete subito in competizione con altri freelance che hanno maggiore esperienza e che lavorano già da alcuni anni.

Dovete subito scegliere una figura fiscale, partita iva, società e affrontare i primi costi. Inizierete a realizzare un sito web che rappresenti il vostro nome o marchio e dovrete necessariamente riempirlo di contenuti progettuali, non quelli fatti a scuola, ma quelli fatti post scuola e che siano più vicini alla produzione reale.

Oggi con i software di rendering è possibile elaborare delle immagini fotorealistiche che potrebbero essere interpretate come dei veri e propri prodotti rendendo il vostro sito molto professionale.

Ricordatevi che quando contatterete un possibile committente una delle prime cose che farà sarà quella di andare a visionare il vostro sito web e da quello in pochi istanti comprendere le vostre capacità progettuali.

Anche il sito web è come una e-mail, nessuno passa più di 5 minuti a guardarlo, perciò dovete avere la capacità di formulare una identità immediata già dalla homepage, non avete ancora una storia da raccontare quindi raccontate voi stessi, le vostre vocazioni, il vostro pensiero e la vostra filosofia. Primi passi per prepararvi che includono anche un minimo di attrezzatura hardware e software, lo stabilire un vostro costo orario per elaborare un eventuale preventivo – e fino a qui avete solo perso tempo e denaro perché poi non avrete la certezza di acquisire clienti con facilità, eventuali clienti che dovrete anche raggiungere con l'aggravio dei costi di viaggio.

Lo ripeto, una scelta, quella del freelance, che sconsiglio sempre finché non avrete acquisito una vasta esperienza sul campo. Ora facciamo un passo avanti, avete trovato la vostra collocazione ideale presso un centro di design sia esso medio o grande o in uno studio professionale, avete raggiunto il primo obiettivo, ma dovrete affrontare qualcosa che non conoscete: un ambiente nuovo con altre persone che saranno i vostri colleghi di lavoro.

Sarete inseriti in un team di lavoro già collaudato e competente, e voi non saprete cosa fare, come muovervi, certo i vostri nuovi colleghi inizialmente vi aiuteranno ma poi in breve tempo sarete in competizione con loro. Il primo grande impatto che avrete sarà quello del processo e della metodologia progettuale utilizzata, sì perché quello a cui eravate abituati a scuola è differente e lontano dalla realtà, e non ultimo anche il fattore tempo avrà il suo impatto.

Come accennavo poco fa troverete dei colleghi di lavoro apparentemente collaborativi ma in realtà sarete visti come un competitor che mette a rischio la loro visibilità all'interno dell'azienda o dello studio: voi potreste essere più creativi, più innovativi e più capaci fino al punto di crescere molto e quindi collocarvi in una posizione privilegiata rispetto alla loro.

In un team di lavoro c'è quasi sempre uno chief designer o comunque una figura di esperienza che ha una funzione di coordinamento progettuale e decisionale con una responsabilità operativa, per esempio il mio chief designer è una persona che lavora con me da oltre 12 anni.

Mi conosce molto bene, conosce la mia filosofia progettuale e la qualità di progetto che deve uscire dalla Bonetto Design e per tale ragione indirizza il team secondo una sua logica, determina quello che si presenta a me in termini di idee e primi schizzi – è una sorta di mio clone.

È, inoltre, una figura che ha capacità gestionali del progetto, sa condurlo dall'inizio alla fine e dialoga con i clienti e i fornitori durante lo sviluppo progettuale, quindi cercate di entrare in sintonia con lui, seguite accuratamente le sue indicazioni fino a quando non sarete più esperti per poter creare anche un contraddittorio costruttivo.

Come scritto l'altro fattore che troverete, e a volte devastante, è il tempo, un fattore a cui non siete abituati, o meglio siete abituati ma con dei parametri scolastici mentre nella professione tutto è estremamente più rapido, esiste uno schema che pianifica le varie fasi di progetto con le date dei work in progress e delle presentazioni, consegna etc.

Lo schema che utilizzo è consolidato sulla base di una esperienza decennale e riduce drasticamente i margini di errore, considerate, comunque che qualsiasi tempistica che viene elaborata è sempre condivisa con il committente che la inserirà nella sua pianificazione di prodotto.

Frequentemente esistono committenti che partono da una data presunta di uscita sul mercato del prodotto e da lì fanno una sorta di conto alla rovescia che include realizzazione stampi e attrezzature, materiali, progettazione tecnica ed engineering, test etc. e per ultimo resta il tempo per la parte di sviluppo del design che dovrete quasi sempre mediare con lui per ottenere un tempo ragionevole – sì perché mi è capitato che per noi restassero pochi giorni, cosa che rendeva impossibile un serio sviluppo del progetto: in ogni caso sarà un tempo inferiore a quello a cui siete abituati.

Fino a qui vi sto descrivendo in modo rapido il nuovo mondo che affronterete, ma tranquilli anche se vi sembra difficile in realtà anche questo argomento se affrontato con preparazione vi metterà nelle migliori condizioni per viverlo quotidianamente. La disciplina dell'industrial design oggi è diventata molto complessa, vi ho descritto degli scenari, dei processi metodologici che comunque prescindono dalle vostre capacità di pensiero.

Dico questo perché anche la vostra mente dovrà abituarsi rapidamente a comprendere il progetto, metabolizzarlo ed elaborare in risposta una o più proposte di elevato contenuto di design; spesso mi accade di vedere giovani designer che fanno 100 disegni ognuno leggermente diverso dall'altro e che esprimono una incertezza di pensiero o viceversa uno o due proposte che sono piene di idee una dentro l'altra con un'immagine confusa e troppo carica di contenuti che io definisco "over design".

Mi rendo conto che non sarà facile le prime volte, avrete l'ansia di non fare brutta figura, vorrete dimostrare che siete capaci ma il vostro cervello andrà in tilt perché non siete abituati alla pressione, un piccolo suggerimento è quello di dedicarvi al progetto assegnatovi anche a casa perché li siete più tranquilli, quindi scordatevi la discoteca.

Mettetevi in testa che questa professione non ha orari, che la vostra creatività non si comanda come un acceleratore di un'auto, per tale ragione imparate a fare delle simulazioni in attesa di trovare la vostra collocazione professionale, provate questo esercizio, partendo dal presupposto di avere un tema di progetto.

1.	Brainstorming e acquisizione vincoli tecnici (2gg.)

2.	Analisi competitors (1gg.)

3.	Elaborazione prime proposte/schizzi (7gg)

4.	Elaborazione due proposte rendering 2D 3 viste (10gg)

5.	Realizzazione matematiche 3D di una soluzione (5gg.)

Questa simulazione, se fatta con una buona qualità e precisione, può abituarvi a un ritmo vicino a quello che troverete, naturalmente ho voluto omettere altri passaggi che troverete nella realtà ma sono certo che vi abituerà a pensare e agire con maggiore rapidità.

Quando ero ragazzino ricordo che con i miei genitori andavo al cinema il sabato sera e nell'intervallo tra il primo e secondo tempo molto spesso vedevo mio padre che tirava fuori un pezzo di carta e faceva rapidamente dei disegni: la sua mente non smetteva di pensare e anche solo la visione di un film a volte gli offriva degli spunti o, come si dice, gli faceva accendere la lampadina. Quel foglio di carta veniva poi discusso con i suoi collaboratori e spesso era l'inizio per sviluppare una nuova idea vincente.

Capitolo 6:

Presentare un progetto

Ci sono alcuni errori comuni a tutti coloro che terminano la formazione, errori che non vanno fatti né durante la fase di presentazione a un colloquio né, soprattutto, nei confronti di un committente.

Il primo errore lo si compie già durante la scuola, ed è riferito ai vostri schizzi su foglio dove iniziate a visualizzare la vostra idea del prodotto, la ricerca e le ispirazioni: l'errore consiste nel fare disegni dalle dimensioni piccole, una scelta sicuramente sbagliata.

Provate a schizzare su un foglio A3 cercando di utilizzare tutto lo spazio per rappresentare la vostra idea, questo vi consentirà di definire meglio i dettagli e le eventuali scomposizioni dei pezzi oltre che renderlo più visibile agli occhi del vostro interlocutore.

Ciò che avete disegnato, sia esso un semplice schizzo a matita o un rendering 2D, è per voi molto comprensibile perché avete nella vostra mente l'idea, e non vi accorgete che è più definita l'idea che avete in testa piuttosto che quella che avete rappresentato. Infatti molto spesso usate le parole per definire meglio il vostro disegno aggiungendo aspetti e dettagli che non avete tracciato. Questo è un errore, dovete immaginare di realizzare un'immagine che sia comprensibile a tutti perché la maggior parte delle volte avrete di fronte a voi un interlocutore che non ha la vostra stessa sensibilità o il vostro stesso grado di interpretazione.

Quindi imparate a fare immagini chiare e dettagliate, verificate che ogni parte abbia una luce idonea senza punti scuri che non danno una definizione adatta delle linee. Immaginate di mostrare i vostri rendering a un bambino che deve capire cosa avete fatto senza che dobbiate spiegarlo. Imparate, ove necessario, a realizzare focus sui dettagli, ad esempio un tasto, una leva, un display, ingranditeli in modo che la visione sia chiara e comprensibile; troppe volte ho visto una macchia nera su un oggetto e mi è stato detto che era un tasto.

Al di là della qualità del vostro progetto di design, che do per scontata, c'è un aspetto che frequentemente viene trascurato durante la presentazione, correttamente siete concentrati sui contenuti del progetto e sull'idea che avete espresso ma vi assicuro che questo è solo il 70%, vi manca un 30% per raggiungere il completo successo della vostra presentazione e la completa soddisfazione del vostro interlocutore, vi manca di creare l'emozione.

Banale? Direi affatto, e ve lo spiego con un episodio che mi è accaduto verso la fine degli anni '90: ero stato chiamato dal più grande produttore di lampade nel mondo, una azienda giapponese, per realizzare una lampada a sospensione per tavoli e un sistema di faretti. Ho sviluppato con cura entrami i progetti trovando sue soluzioni di design inusuali e fatemi dire molto belle, con il mio team abbiamo accuratamente realizzato dei rendering su base 3D e la relativa presentazione per il cliente.

Arriva il grande giorno della presentazione, in una sala ho di fronte a me tutto il top management con in testa il presidente, ovviamente tutti giapponesi che parlavano solo inglese, cerco di ripassare rapidamente tutti i passaggi di quello che dovevo dire e far vedere, quando un pensiero mi ha gelato il sangue: alla fine stavo per presentare due progetti davvero di alta qualità semplicemente descrivendo questi oggetti secondo una analisi tecnica e di utilizzo – sostanzialmente mi accorgo che non avrei trasmesso alcuna emozione, ma mentre penso a ciò inizia la presentazione.

Inizio a descrivere secondo il copione ma allo stesso tempo la mia mente vagava alla ricerca degli elementi emotivi, e di colpo magicamente eccoli, subito descrivo i due elementi contrapposti a onda che componevano la lampada a sospensione e domando al presidente se voglia conoscere l'origine della mia ispirazione: lui risponde di sì.

Iniziai descrivendo una mia giornata trascorsa sull'isola di Capri, su una terrazza magnifica piena di fiori, il sole caldo che stava tramontando davanti a me, la luce del sole che si rifletteva sulle onde del mare che avevano un movimento sinuoso e lento: da lì avevo immaginato i due elementi della mia lampada a forma di onda. Per la seconda lampada, il faretto, inventai un'altra storia.

Al termine della presentazione il presidente era visibilmente colpito e commosso dalla mia presentazione e abbracciandomi mi disse: "Bravo mr. Bonetto, queste lampade le produrremo e le chiameremo Capri e Pinocchio".

Ecco, questo è un esempio di come si può far emozionare su un progetto, oggi lo facciamo con immagini, video, trailer, musica e molte altre tecniche che i software ci consentono.

Progettate sempre la vostra presentazione in modo accurato, costruite l'aspetto emozionale del vostro progetto e il risultato finale sarà sempre un grande successo. Curare la presentazione è quasi come fare un altro progetto, quindi richiederà uno sforzo maggiore da parte vostra.

Presentate i vostri render cartacei in un book bello e di grande formato, dotate tutte le pagine di un layout grafico contenente anche il logo del vostro committente o della vostra scuola. Se la vostra presentazione è in formato elettronico non presentatela banalmente sul vostro piccolo laptop, chiedete un video proiettore.

Progettate ogni passaggio e ogni parola della presentazione e seguite questa sequenza:

- Introduzione al progetto (un mini-video emozionale di 1 min)
- Ricerca competitor
- Ricerca trend di design in altri settori
- Soluzioni elaborate (rendering 2D)
- Focus dettagli
- Dettagli generali tecnici (scomposizioni etc.)
- Video emozionale finale

Il vostro oggetto deve contenere una storia, un racconto generato dalle forme e dalla sua identità; non sempre si riesce a ottenerlo e a volte bisogna costruirlo, certamente dipende dalle ispirazioni iniziali a cui vi siete riferiti per generare l'idea di design.

Nella mia esperienza ho sempre trovato i ragazzi asiatici più attenti a ciò, perché si ispirano quasi sempre alla loro cultura e tradizione che è ricca di elementi ispiratori.

Ormai da anni quello che realizziamo è sempre accompagnato da un progetto vero e proprio della presentazione al committente, spesso utilizzando le ore notturne perché il tempo a disposizione durante le ore lavorative non è sufficiente.

Voglio trasmettere non solo la qualità del progetto ma anche la qualità e la professionalità del nostro servizio al cliente che deve sentirsi appagato dal suo investimento su di noi. Non siate frettolosi di mostrare il vostro progetto, non portate fogli sparsi pensando che tanto l'importante è ciò che avete realizzato.

Capitolo 7:
Experiential design

Il design esperienziale si fonda sull'applicazione progettuale delle esperienze vissute, questo nel design è estremamente importante e comporta molti anni di apprendimento e progetti. Ogni volta che approccio un nuovo progetto porto con me tutto il bagaglio trentennale delle mie esperienze, ma non solo, utilizzo anche la trasversalità dei prodotti che ho disegnato.

Sembrerà strano, ma spesso le aziende per cui realizzerete progetti vivono una cultura basata sul loro settore, senza particolari conoscenze di altri comparti produttivi. Il valore del vostro patrimonio esperienziale sarà sempre riconosciuto come un valore aggiunto e vi consentirà di avere maggiore padronanza del progetto che andrete a realizzare.

Della vostra esperienza faranno parte anche gli errori o gli insuccessi, elementi che per me sono importanti per migliorare successivamente. Il mio concetto di "trasversalità", in anni più recenti, è stato snaturato con un concetto di "contaminazione" che a mio giudizio si fonda su una applicazione errata. Ricordo un periodo in cui alcune case automobilistiche studiavano interni auto che dovevano assomigliare al salotto di casa oppure a un ufficio attraverso configurazioni di spazi, materiali e architetture importate dall'ambiente domestico.

L'automobile è un prodotto specifico per effettuare spostamenti brevi e lunghi, viene utilizzato in movimento, deve avere caratteristiche ergonomiche particolari, di facile raggiungibilità dei comandi, di visibilità, di sicurezza e di comfort. Tutti elementi che talvolta non venivano presi in considerazione da designer senza una esperienza specifica nell'automotive.

Da sempre (e prima ancora di me lo ha fatto mio padre) ho portato la cultura di industrial design nell'interno dell'automobile, trattando ogni singolo elemento come un oggetto di design specifico che unito agli altri doveva avere un design coerente e innovativo rispettando tutti i parametri imposti, come far suonare bene ogni singolo strumento musicale che poi dovrà suonare bene in una grande orchestra. Disegnare i tasti come se fossero dei piccoli gioielli curandone le superfici e la texture per ottenere una percezione tattile di alta qualità, realizzare dettagli piccoli che però nell'insieme di un interno auto contribuiscono alla percezione di qualità, o ancora utilizzare accostamenti di materiali inusuali: tutto ciò permette di portare una cultura specifica applicata nel product design attraverso prodotti del consumer electronics o Ict.

Viceversa, porto spesso la cultura automobilistica delle superfici di carrozzeria in prodotti di industrial design, recentemente nel settore delle macchine da caffè per bar dove abbiamo realizzato la carrozzeria seguendo il concetto di superfici continue che alternano morbidezza con tensioni e muscolature che possono dare alla macchina da caffè una nuova immagine nel panorama produttivo.

Non molto tempo fa mi sono trovato a dover disegnare una macchina da caffè innovativa con sistema di erogazione a leva la cui particolarità è di avere 6 gruppi di erogazione contrapposti. Un progetto difficile per l'imponenza del volume che ho dovuto affrontare creando superfici da carrozzeria ed elementi trasparenti che fanno vedere l'interno della macchina come se fosse un cofano motore di una supersportiva. Vi ho citato due casi dove il mio design esperienziale è stato un valore aggiunto per il committente, ovviamente frutto di anni di progetti che non è facile realizzare, ecco perché con questo libro e con i miei corsi voglio trasferire questo bagaglio a tutti i giovani designer affinché non debbano perdere tempo in anni di progetti per raggiungere un alto livello di competenza.

Un tema importante del mio bagaglio esperienziale è il concetto dei 4 sensi che generano la percezione di qualità del design, una sorta di regola semplice che si basa su:

- Percezione visiva
- Percezione tattile
- Suono
- Odore

Una regola che utilizzo con gli studenti nelle esercitazioni durante i miei corsi, regola molto utile al fine di elaborare una elevata qualità del vostro prodotto finale.

Oggi il design esperienziale, come descritto prima, è un tesoro prezioso che determina anche la possibilità di accedere a progetti di design per realizzare prodotti di alto livello industriale dove chi non dimostra una vasta esperienza non viene preso in considerazione.

Diventa quindi una occasione straordinaria apprendere l'esperienza da chi l'ha vissuta attraverso centinaia di progetti sviluppati con culture, tecniche e tecnologiche specifiche dove anche l'economia produttiva gioca un ruolo fondamentale.

Mi spiace osservare molti studenti che terminano i loro studi dove hanno realizzato progetti semplici, talvolta sconnessi da una realtà produttiva e senza conoscerne a fondo le problematiche a essa connessa. Quando effettuo delle simulazioni di progetto con i partecipanti ai miei corsi utilizzo schemi e modalità reali, consegno a loro i medesimi vincoli che ho ricevuto io durante un progetto e il medesimo briefing.

Questo porta a una conoscenza immediata, creando il bagaglio esperienziale di cui necessità un designer. L'experiential design è un tesoro che difficilmente qualche professionista vi trasmetterà in modo completo perché è costato molti anni di impegno e lavoro, e per molti non ha prezzo. Fatemi dire è come chiedere una mailing list a un ufficio stampa, non ve la consegnerà mai.

Capitolo 8:
Accresci la tua mente e crea innovazione

Vi ho descritto lo scenario, alcune tecniche pratiche e il mondo che andrete ad affrontare, ma quando svolgo i corsi entro maggiormente in queste tematiche, attraverso la mia esperienza, con alcune case history, per rendere pronti i giovani a entrare nel mondo della professione, ma non è tutto.

Fare il designer non è solo esecuzione ma comporta necessariamente una continua e costante crescita personale, le vostre esperienze progettuali nel corso degli anni vi consentiranno di avere maggiore conoscenza del progetto, maggiori capacità tecniche e creative, ma il design non è solo questo.

Un designer non smette mai di conoscere, imparare e avere una costante visione aggiornata del mondo, dei bisogni dell'uomo e della società in cui viviamo. Conoscere le differenti culture, i differenti modi di vivere: tutto questo è necessario per interpretare al meglio i cosiddetti "human desire".

Quando ho intrapreso questa professione vedevo mio padre sempre molto attento a quello che lo circondava: ad esempio, quando entrava in una fabbrica parlava con gli operai che utilizzavano le macchine utensili, per poi farsi portare di miglioramenti sulle macchine che stava disegnando per Olivetti OCN.

Oppure ricordo una volta che salimmo su un taxi – allora c'erano molte Fiat Ritmo – e lui iniziò a parlare con il conducente e chiese subito perché aveva realizzato una specie di bordo contenitivo sulla parte superiore della plancia, dove accumulava piantine e libretti vari (allora non esistevano i navigatori). La risposta fu che, visto il frequente utilizzo del materiale collocato in quell'area, non voleva abbassarsi prelevarlo dal cassettino porta oggetti posto nella parte inferiore della plancia lato passeggero.

Circa un anno dopo uscì sul mercato la Fiat 131 Supermirafiori, con un vano portaoggetti (tipo vasca chiusa da uno sportello scorrevole) nella parte superiore della plancia, una innovazione che mio padre realizzò proprio a fronte di questa esigenza. Se non individuate le reali necessità non sarete mai in grado di realizzare un nuovo prodotto o un miglioramento effettivo. Osservare cosa fa la gente comune, come vive, è fonte inesauribile per un designer: affermo sempre che il design deve essere portatore non solo di bellezza e di funzionalità ma anche di innovazione, sia essa piccola o grande. Quando devo affrontare un uovo progetto, con i miei collaboratori cerco di studiare quello che fanno i concorrenti, l'evoluzione di quel prodotto fino a oggi, chi lo usa; arrivo a intervistare chi abitualmente lo utilizza.

Recentemente a fronte di un progetto di lavabiancheria decisi di parlare con donne che la utilizzano quotidianamente, volevo scoprire quanta innovazione potevo introdurre su un prodotto per certi versi ancora molto tradizionale, ma non solo: mi sono messo a utilizzarla a casa caricando e scaricando i panni.

Immaginavo finalmente di evolvere questo oggetto ma con mia grande sorpresa il feedback che ricevetti dalle cosiddette "massaie" fu da una parte estremamente conservativo, ovvero mantenere la manopola dei programmi e avere l'oblò a vista trasparente, e dall'altra estremamente innovatore, ovvero introdurre più programmi di lavaggio specifici e più funzioni. In un mondo dove tutto si evolve rapidamente la lavabiancheria resta ancora "tradizionale": anche se in termini di tecnologia si evolve, in termini di design c'è una preclusione che, cosa incredibile, si tramanda di generazione in generazione.

Abbiamo detto che non basta più il canonico rapporto forma/funzione per generare un design corretto e innovativo, questo soprattutto per la presenza sempre più massiccia della tecnologia che ha fatto nascere un sempre più complesso aspetto di interfaccia uomo/macchina. Restano davvero pochi i prodotti che non hanno un display delle funzioni, piccolo o grande, semplice o complesso. Personalmente ho sempre trovato il telecomando della televisione un oggetto complesso e poco studiato per una facile usabilità.

Pensate alle automobili e a quante interfacce necessitano oggi rispetto al passato: solo il fatto di accedere al sistema di climatizzazione richiede una attenzione maggiore rispetto a modelli di auto degli anni '70 dove c'erano due rotelle – una per caldo e freddo, l'altra per la velocità della ventola. Sono aspetti complessi per il design, pensando anche che questi dispositivi devono essere facilmente raggiungibili e che il loro utilizzo non deve distrarre dalla guida. Osservare e utilizzare questi dispositivi porta il designer a generare un miglioramento o una innovazione, sempre e comunque.

Le esperienze che ho avuto nel mondo dell'auto sono state molteplici, prima tra tutte quella con Fiat Auto, più recentemente ricordo l'esperienza vissuta con il Gruppo Volkswagen, dove sono stato chiamato da Walter De Silva che era alla guida di tutto il design del Gruppo – coincidenza vuole che de Silva avesse iniziato a lavorare proprio con mio padre assimilando una cultura di progetto di Rodolfo Bonetto.

I progetti che ricevevo da lui erano sempre rivolti a creare una esplorazione alternativa ai Centri Stile di Marca (in particolare Audi, Volkswagen e Lamborghini), riuscivamo a fornire delle visioni di design e di soluzioni che spesso sollecitavano i manager del Gruppo. Una esperienza straordinaria che ricordo in questo settore fu quella di una casa automobilistica molto importante che aveva il progetto di volere creare un ulteriore marchio secondo una logica ben precisa di posizionamento sul mercato, il design degli esterni venne affidato a un noto designer del settore e gli interni alla Bonetto design. Per la prima volta mi trovavo a dover partire dalla creazione di un linguaggio che identificasse un nuovo marchio, senza storia e senza modelli, dovevo partire dalla creazione di un vero e proprio DNA che identificasse il marchio, stessa mission per coloro che si occupavano del design degli esterni.

Ovviamente avevamo ricevuto delle architetture di veicolo su cui lavorare, ma prima di realizzare il design vero e proprio volevo realizzare il metaprogetto espressivo di riferimento. Alla prima presentazione al top management vennero presentate le soluzioni di esterni del veicolo, uno studio basato più sulle architetture e sulla modularità; noi invece presentammo 3 linguaggi di design specifici senza entrare nei dettagli dell'interno auto ma privilegiandone l'identità.

Fu un grande successo, il cliente scelse uno dei linguaggi presentati e disse a chi si occupava degli esterni di seguire quello che avevamo creato come identità del marchio. Fu una esperienza di progetto straordinaria, oltre ogni mia più rosea aspettativa.

Insisto molto sull'arricchimento della nostra mente perché è fonte di ispirazione nel progetto, io sono abituato a osservare sempre e soprattutto i dettagli che sono diventati importantissimi in un buon design. Toccare gli oggetti, palpare una superficie di un dettaglio piccolo come un tasto vi fa capire che il design è anche percezione (i 4 sensi) e non solo visione.

Quando collaboravo con una importante casa automobilistica mi avevano mostrato una ricerca dove emergeva che la percezione complessiva del prodotto non era data dal corpo del prodotto ma era data dall'insieme dei dettagli che erano inseriti in un corpo principale. In questo i giapponesi sono sempre stati maestri e ci hanno insegnato molto negli anni passati.

L'arricchimento della conoscenza è anche scoprire nuovi materiali e tecnologie che possono consentire un sostanziale miglioramento, magari con benefici produttivi per il committente. Quando mi chiedono dei nuovi materiali sorrido sempre: il primo aspetto è il costo elevato degli stessi che li rende nell'immediato inutilizzabili nell'industria. Ma al contrario tecnologie nuove di stampaggio possono essere applicate a molti produttori.

Alcuni anni fa ero impegnato su un progetto di cabine per trattori, il tetto di queste era sempre stato tradizionalmente realizzato in lamiera, materiale che offriva pochi margini di lavorazione e soprattutto un risultato finale datato.

Attraverso la nostra conoscenza trovammo una nuova tecnica di stampaggio della plastica che offriva un buon grado di flessibilità sulle forme, un costo accettabile da parte del cliente e una resa finale ottima: questo cambiò la produzione dei tetti cabine dando una nuova immagine moderna ai prodotti.

Imparate sempre a osservare, anche se siete in vacanza o in viaggio, parlate con la gente, oggi gli stili di vita sono cambiati e cambieranno molto rapidamente e un designer deve essere costantemente aggiornato. Osservate, per esempio, come sempre di più prodotti come il cellulare e l'automobile si stanno rapidamente evolvendo.

Il primo è ormai diventato il cuore della nostra vita, su di esso abbiamo numerose app che gestiscono la nostra quotidianità e dialogano sempre di più con apparecchiature che utilizziamo, la seconda ormai vicina al grande salto epocale attraverso la guida automatica che rivoluzionerà il modo di viaggiare. Un giorno, neanche tanto lontano, saliremo su automobili che riconosceranno i nostri gusti, dove una voce ci accoglierà chiedendoci dove vogliamo andare e offrendoci una serie di servizi a bordo seduti comodamente senza preoccuparci del traffico.

Vi suggerisco anche di visitare le fiere di settore, sono un'occasione per poter avere diverse categorie di prodotti a portata di mano, in una giornata avete acquisito uno scenario completo avendo toccato con mano i prodotti. Ho scritto, prima, di osservare le differenti culture, dico questo perché molto spesso i prodotti che andrete a disegnare saranno venduti in altri paesi o altri continenti dove si presentano culture differenti dalle nostre.

Certamente non si può avere la pretesa di realizzare un design che sia perfetto per tutti ma sicuramente potremmo evitare errori o forme sbagliate. Ci sono culture e paesi che recepiscono innovazioni di prodotti e altre che sono ancora conservative e si spaventano davanti a un prodotto troppo innovativo. Avere una visione completa vi sarà sempre utile per la vostra cultura progettuale. Un'altra mia esperienza progettuale, proprio su questo tema, fu per alcune aziende cinesi di bus per le quali abbiamo disegnato decine di modelli. Durante la prima fase di ricerca e sviluppo concept pensavo che il mercato Cina fosse unico, o meglio la cultura dei consumatori fosse codificabile in un unico riferimento, ma scoprii che non era così.

In realtà la Cina è composta da varie regioni, molte delle quali hanno un approccio al prodotto più tradizionale, consumatori che si spaventano di fronte a un prodotto troppo innovativo o aggressivo, e con questo elemento abbiamo dovuto mediare il design affinché non risultasse poco gradito in queste aree.

Vi sorprenderò anche con un'altra esperienza, peraltro avuta proprio all'inizio della mia carriera: mi sono trovato coinvolto nella realizzazione del design dei telefoni pubblici italiani. Parlo degli anni '80, il telefono cellulare non esisteva e per comunicare erano presenti in strada, nei bar, negli aeroporti e nelle stazioni ferroviarie i cosiddetti telefoni pubblici che funzionavano dapprima con un gettone e poi con moneta o carta prepagata.
Ebbene elaborammo 5 proposte nuove di design, ognuna delle

quali aveva un grado di innovazione formale crescente, alla presentazione in Telecom vennero mostrate le nostre idee che furono altamente apprezzate dal top management della Telecom Italia. Al moneto della scelta, però, scelsero il meno innovativo e secondo noi anche il meno bello. La ragione di questa scelta?

Semplice, ci fu spiegato che i telefoni venivano collocati prevalentemente in strada e quindi non erano soggetti a una sorveglianza, il grado di vandalismo verso gli apparecchi era elevatissimo, ci furono mostrati migliaia di telefoni danneggiati nei modi più disparati e la scelta del modello meno bello fu in considerazione del fatto che se avessero scelto di realizzare il modello più bello, più innovativo (che peraltro piaceva a tutti i presenti) questo sarebbe stato soggetto a una maggiore attenzione da parte dei vandali.

Nonostante questa scelta il nuovo telefono cambiò il volto della telefonia pubblica italiana riscuotendo un grande successo per molti anni.

Capitolo 9:
10 regole per essere un designer di successo

Nei capitoli precedenti ho affrontato alcuni aspetti legati a questa professione, immagino che molti di voi saranno un po' confusi o spaventati ma in realtà nel corso del vostro percorso professionale diventeranno argomenti quotidiani semplici e talvolta automatici. Io personalmente affronto la professione ogni giorno come se fosse il primo anche se ormai ho maturato una esperienza elevata.

In questa professione è importante non considerarsi mai completi, da quando ho iniziato questo nuovo percorso di formare i nuovi designer mi sono domandato veramente cosa voglia dire essere un designer di successo. Ebbene ci sono vari modi per capirlo, come il fatto di aver guadagnato tanti soldi con la tua professione, oppure di essere molto pubblicato sulle riviste o di venir considerato una "star" dalla critica del design.

Credetemi, per me dopo 35 anni di attività professionale non sono questi gli elementi che mi fanno considerare un designer di successo, ma bensì sono il grado di soddisfazione dei miei clienti e il successo che hanno avuto i prodotti disegnati presso gli utilizzatori finali. Certamente ricevere un premio per il design di un prodotto che ho disegnato mi gratifica, ma penso che per un designer non sia il vero riconoscimento interiore. Ad esempio, vedere che centinaia di migliaia o milioni di persone utilizzano il mio prodotto: questa per me è la vera soddisfazione.

Nel design per avere successo ho elaborato 10 regole fondamentali da applicare che vi spiego qui di seguito:

Regola 1: Organizzate il lavoro secondo una metodologia e un processo ben definiti, dotatevi di una attenta pianificazione del progetto secondo passaggi chiari con una tempistica rigorosa.

Regola 2: Osservate il mondo, cercate di comprendere gli stili di vita, osservate cosa fa la gente, cercate di scovare anche quello che manca, a volte ci sono piccole cose che nessuno ha ancora realizzato. I vostri occhi devono comprendere ogni dettaglio, anche il più insignificante.

Regola 3: Viaggiate quanto più vi è possibile, o se non potete farlo, attraverso internet documentatevi su altri paesi e culture.

Regola 4: Createvi una rete d'informazioni su tecnologie produttive, materiali, tecnologie hardware e software, cercate di avere una visione futura di cosa potrete applicare ai vostri progetti/prodotti specie se i progetti che svilupperete avranno un contenuto tecnologico che va espresso all'utilizzatore.

Regola 5: Siate umili. Dico questo perché nel design il dono dell'umiltà vi pone in una condizione favorevole. Non avete bisogno di urlare a tutti che quello che avete realizzato è il meglio di tutti, saranno il cliente, il mercato e la critica a dirlo.

Regola 6: Dedicate tempo alla vostra professione, sappiate che il tempo speso sarà una componente fondamentale per il successo.

Regola 7: Createvi una vostra identità, un DNA identificabile da tutti, esprimete le vostre caratteristiche di designer.

Regola 8: Pensate e disegnate sempre, il vostro cervello non deve mai smettere di pensare perché questo vi darà modo di vedere più facilmente le cose e vi illuminerà sulle nuove idee.

Regola 9: Confrontate il vostro pensiero con altri in ambiti affini, partecipate a workshop, conferenze dove acquisirete know-how ma allo stesso tempo avrete modo di confrontarvi e dibattere.

Regola 10: Sognate e non ponete mai limiti alla vostra creatività pensando sempre a rendere la vita migliore per tutti.

Queste sono le prime 10 regole che vanno applicate, ricordatevi che il design è un mestiere che si impara acquisendo esperienza e oggi l'esperienza la si acquisisce nel tempo, ma a differenza di molti anni fa, oggi il tempo scarseggia quindi acquisite questa esperienza da coloro che ne hanno molta e possono in breve tempo rilasciarvi un patrimonio intellettivo di decenni, così facendo partirete già da un livello di conoscenza elevato che vi consentirà di raggiungere l'eccellenza in breve tempo.

Ho visto troppi giovani designer sicuri delle loro capacità e conoscenze fallire miseramente nel giro di pochi anni per poi andare a svolgere un altro lavoro non attinente con il design avendo speso tempo e denaro per nulla. Ancora oggi io frequento corsi, leggo e mi informo su tutto, e non smetto mai di apprendere nuove nozioni e informazioni utili al mio lavoro, ho fatto corsi che avevano anche poco a che fare per la mia attività, ma che poi mi sono stati utili.

Non vergognatevi di copiare modelli professionali da altri designer di grande successo, io sono qui proprio per trasmettervi tutto ciò che ha portato al successo me e il mio brand Bonetto Design, copiate e sviluppate da chi vi ha dimostrato che il suo modello funziona. Prima di voi molti grandi nomi hanno creato modelli professionali di design che hanno generato successo e ricchezza, se osservate la loro storia potete contare su un modello collaudato, in questo libro e nella Bonetto Design Academy voglio trasmettervi tutto ciò.

Un piccolo segreto? Non prendetevi mai sul serio.
Questo donerà al vostro spirito quella leggerezza necessaria per affrontare una professione complessa come il design senza perdere il divertimento e la passione.

Capitolo 10:
Bonetto Design Academy

Essere un designer comporta accettare sfide quotidianamente senza la paura di non potere raggiungere l'obiettivo finale. Nella mia strada professionale fin dall'inizio ho accettato le grandi sfide, vi ricordate quando vi ho scritto che accettai di portare avanti l'attività di mio padre contro coloro che pensavano che non ci sarei mai riuscito?

Ebbene da quel giorno ho sempre cercato nuove sfide, ho istituito un premio di design intitolato a mio padre, ho aperto un ufficio in Cina, ho realizzato corsi presso scuole e università e molto altro. Penso che un designer sia nato per le sfide, e quando mancheranno, credetemi, sentirete un grande vuoto. Il designer ha il compito di portare la bellezza nel mondo, alleviare le fatiche dell'uomo e rendere migliore la vita di tutti con i suoi prodotti.

Un episodio che non ho mai raccontato a nessuno, e che voglio rendervi noto in questo libro, risale a quando mio padre si ammalò, una malattia che lo costringeva a sottoporsi a cure continue, e nonostante ciò lui continuò a realizzare progetti: anche quando fu ricoverato nei suoi ultimi giorni di vita aveva un blocco Letraset formato A3 dove stava schizzando un nuovo elicottero che ci era stato commissionato; questo vi fa comprendere la missione che ognuno di noi ha dentro di sé.

Oggi, dopo i molteplici traguardi raggiunti, mi sono posto la sfida della formazione professionale come nessuno l'ha mai fatta: una missione etica mettendo a disposizione i miei errori, le mie sfide i miei successi attraverso il coaching.

Un'altra grande impresa: Bonetto Design Academy, un obiettivo etico e ambizioso: dare a tutti la possibilità di intraprendere un percorso di formazione professionale concreta ed efficace.

Per giovani che sono in procinto di iniziare la professione o l'hanno appena iniziata e che vogliono diventare i nuovi designer del futuro per lasciare la loro impronta nel mondo. Posso, con un filo di orgoglio, dire che per primo al mondo ho creato la figura del design coach mettendo a disposizione attraverso la Bonetto Design Academy una serie di corsi specifici che nessuno ha mai realizzato.

Lo so, vi state chiedendo: "Perché lo fai?"

Perché il mondo del design è un mondo dove i grandi maestri non vogliono trasmettere i loro plus. Anche i grandi del passato, un po' per cultura un po' per paura di essere "sorpassati" dai loro allievi, non hanno trasmesso neppure i veri segreti della professione e del loro successo in modo pratico e concreto.

Io ho iniziato con mio padre: già lui era diverso. È un'eredità a me cara, e tanti grandi sono passati dal mio studio ricoprendo ora posizioni di rilievo nel settore del design mondiale. I mediocri forse per gelosia o forse perché così facendo si creano dei competitor preparati, non l'hanno mai preso in considerazione.

Trasmettere l'esperienza vissuta e la propria conoscenza professionale è l'unico modo per creare giovani designer di successo, non c'è bisogno di inventare basta solo che apprendiate e copiate, poi quando volerete molto in altro sarete voi a comprendere il vostro modello professionale, ma se nessuno vi offre le ali per volare non riuscirete mai in breve tempo a spiccare il volo.

Noto frequentemente giovani che sprecano il loro tempo in inutili pellegrinaggi professionali, stage presso attività professionali che non rispecchiano la loro vocazione progettuale, trovo tutto ciò estremamente frustrante e controproducente per un percorso che vi possa portare al successo.

Ricordatevi che avete scelto una professione difficile in tutti i sensi, sia quando dovrete ricercare una collocazione e sia quando progetterete, ma queste sfide le potete vincere se ci metterete tutte le vostre energie e le tecniche adatte. Chi ha la vocazione per il design merita che gli sia tramandato questo straordinario "mestiere" da chi lo fa da decenni con successo, senza la paura di svelare chissà quale formula magica che teniamo nascosta.

L'esperienza va tramandata concretamente, non solo studiando la storia del design ma anche studiando case history direttamente da chi le ha vissute, con tutti i dettagli, i problemi e le soluzioni contenute. Diventa necessario formare nuove generazioni per affrontare un mondo che avrà bisogno di una competenza di design elevata, un mondo che sta cambiando e che dovrà affrontare tematiche di progetto sconosciute. Viaggiare, abitare, lavorare sono solo alcune tematiche che subiranno grandi cambiamenti nei prossimi decenni, e che necessitano una cultura e una conoscenza del design ampia. Non esiste al mondo nessun designer famoso con un lungo percorso lavorativo che realizzi una formazione specifica mettendo a disposizione un patrimonio esperienziale come quello di Bonetto.

Io posso dare un contributo concreto e onesto ai giovani di tutto il mondo che hanno terminato o stanno per terminare la loro formazione. Ho creato dei video-corsi che sono una prima guida rapida ed efficace per acquisire tutte le nozioni necessarie alla formazione della professione, ho aggiunto una prima serie di corsi live dove sviscerare tematiche professionali fornendo tecniche, strategie e nozioni anche attraverso esercitazioni pratiche.

La mia formazione vuole essere un tassello finale che completa la tradizionale formazione delle scuole senza sovrapporsi ma ponendosi come un tassello finale di grande utilità pratica. Centinaia sono le case history di progetto a supporto dei corsi, numerosi i professionisti di materie specifiche che saranno coinvolti per rendere un giovane designer pronto ad affrontare la professione con successo.

Ai miei corsi non accetto designer che pensano di fare un ulteriore corso per poter passare del tempo o semplicemente da inserire nel proprio curriculum; a questi dico di lasciar perdere: io voglio giovani motivati, con la mente aperta a recepire tutto ciò che insegnerò loro, voglio giovani destinati al successo professionale.

Conclusione

Ho scritto questo libro con la spontaneità e la concretezza che mi hanno sempre contraddistinto, cercando di esporvi concetti in modo semplice senza utilizzare una raffinatezza espressiva spesso utilizzata nel mondo del design.

La passione, la sincerità e il rispetto che ho sempre avuto nei confronti dei giovani vogliono essere una dimostrazione che tutto quello che vi ho scritto è per trasmettervi la mia esperienza e tutto ciò che ho vissuto nel design affinché possiate acquisire un bagaglio esperienziale di più di 30 anni di design con l'obiettivo di creare nuovi designer di successo capaci di affrontare le nuove sfide progettuali.

Nei miei corsi alla Bonetto Design Academy troverete un nuovo modo di fare formazione professionale, troverete un design coach che vi fornirà tutti gli strumenti necessari al vostro successo, strumenti che mai nessuno vi ha fornito durante la vostra formazione scolastica. Affronterete il mondo professionale del design con una maggiore sicurezza senza perdere tempo per acquisire quelle nozioni che vi imporrebbero anni di apprendimento e di errori. Vi ho descritto molti aspetti del design e della professione del designer, vi ho descritto come affrontare questo mondo ma ho tralasciato un aspetto fondamentale di questa professione, il design ha comunque un fine: produrre felicità.

La felicità è un bene supremo, aiuta a vivere meglio e la cerchiamo sempre, felicità come benessere e migliore qualità di vita, e in questo il design ha un ruolo fondamentale. Progettare prodotti che danno benessere a chi li utilizza, regalano attimi di felicità nel loro acquisto. Utilizzare un prodotto che riduce le nostre fatiche, che semplifica il nostro lavoro: sono concetti che chi fa design deve tenere in considerazione.

L'originalità del design italiano ha sempre prodotto felicità, stupore, ha sempre raccontato una storia attraverso l'immagine dei prodotti, prodotti e storie che hanno segnato epoche differenti e passaggi della nostra vita. Con questo libro ho voluto esporvi alcuni aspetti fondamentali per diventare un designer di successo, ma gli argomenti non si esauriscono qui, la nostra professione è strettamente legata all' evoluzione degli stili di vita, dell'essere umano, delle tecnologie, noi interpretiamo i bisogni e anche i sogni in una progressiva e costante evoluzione creativa.

Il libro vi ha descritto una parte della mia esperienza e quello a cui sono fedele nel progetto, il vostro pensiero di design non avrà mai una conclusione neanche quando vedrete il vostro prodotto realizzato, il design è in continuo movimento e in continua crescita, segue passo dopo passo la crescita dell'uomo cercando di renderlo felice.

Coloro che si affacceranno su questo mondo saranno coinvolti in una "missione" costante per il progresso e saranno garanti del rapporto con l'uomo, dovranno presto affrontare nuove e straordinarie sfide anche su tematiche progettuali oggi sconosciute.

Questa è una delle ragioni per la quale insisto su quanto sia fondamentale la conoscenza della professione, se pensate che disegnare un bellissimo tavolino sia il vostro traguardo siete molto lontani dal vero industrial design, non proverete mai quelle emozioni vere e quelle sfide che non vi faranno dormire la notte.

Affrontare tutto ciò richiederà una formazione maggiore rispetto a quella tradizionalmente trasmessa, le menti creative saranno chiamate a elaborare progetti complessi che cambieranno gradualmente la nostra vita, e tutto ciò lo trovo straordinario.

Lavoro da 35 anni e ho realizzato talmente tanti progetti che a volte me li dimentico, ho accompagnato l'evoluzione di moltissimi prodotti, molti dei quali aiutano quotidianamente a vivere e lavorare meglio, mi sono sempre concentrato sui progetti e mai sul successo ottenuto quasi come se il successo mi provocasse imbarazzo, ma è così.

Ho voluto fortemente creare la Bonetto Design Academy perché voglio trasmettere la mia esperienza e voglio creare designer che abbiano non solo un successo economico ma anche un successo morale, chi ha già iniziato a seguire uno dei miei corsi è rimasto sorpreso da quanto è riuscito ad apprendere, da quante nozioni e informazioni a lui sconosciute ha ricevuto, alcuni giovani mi chiedono di seguirli come personal design coach anche agli inizi della loro attività professionale per avere un mentore che li supporti.

Il mio obiettivo è quello di formare migliaia di giovani designer affinché questa straordinaria professione possa concretamente accompagnare la crescita dell'umanità.

Decidi ora il tuo futuro professionale e vieni alla Bonetto Design Academy, sarò il tuo design coach per farti diventare un designer di successo. Voglio iniziare a premiarti per aver acquistato questo libro ed essere arrivato fino alla fine. Complimenti: hai la stoffa per diventare un designer di successo.

Ti aspetto al live per iniziare insieme il tuo nuovo percorso per la professione più entusiasmante e libera che io conosca.

RESTIAMO IN CONTATTO

Se vuoi chiedermi qualcosa sul mio lavoro o su ciò che hai letto, scrivimi pure, sarà un piacere leggerti. Ti risponderò, rispondo sempre, ti chiedo solo un po' di pazienza.

Puoi scrivere qui: bonetto@bonettodesignacademy.com

Vieni al mio live, ci conosceremo di persona, potrai farmi domande e potremo condividere un percorso di crescita insieme.

Sarà un piacere stringerti la mano. Se hai trovato qualcosa di utile in questo mio lavoro, sarà emozionante leggere una tua recensione, anche di poche righe. Se mi avvisi (tramite Facebook o sito) avrò il piacere di condividerla sui miei profili social e commentarla con te.

Verifica sul sito la data del prossimo live, e trova la tua occasione per diventare un designer di successo. Il mondo ha bisogno di nuovi e giovani talenti. Il meglio deve ancora venire. Ora che hai mosso i primi passi devi continuare a percorrere la strada che hai iniziato, tappa dopo tappa.
Sei pronto?

Ricordati che diventare un designer di successo non è impossibile, certo è che non devi mai smettere di imparare. Vai sul sito e approfondisci gli argomenti affrontati seguendo un percorso specifico. Ricordati che puoi anche chiedere sessioni provate one-to-one di coaching.

Hai davvero la possibilità di dare una svolta alla tua vita specializzandoti in questo settore.

Il meglio deve ancora venire.

Ti aspetto, designer di successo.

Marco Bonetto